职业技术·职业资格培训教材

一级 第2版

ENTERPRISE HUMAN
RESOURCE PROFESSIONAL

企业人力资源管理师
职业技能鉴定辅导练习

编审委员会

主　　任	张　岚	黄卫来			
委　　员	顾卫东	葛恒双	孙兴旺	葛　玮	李　晔	刘汉成
执行委员	李　晔	瞿伟洁	夏　莹	张亚平	任余礼

编审人员

主　编　　张亚平
主　审　　任余礼

中国劳动社会保障出版社

图书在版编目(CIP)数据

企业人力资源管理师(一级)职业技能鉴定辅导练习/人力资源社会保障部教材办公室等组织编写. -- 2版. -- 北京:中国劳动社会保障出版社,2017
1+X职业技术·职业资格培训教材
ISBN 978-7-5167-3295-3

Ⅰ.①企… Ⅱ.①人… Ⅲ.①企业管理-人力资源管理-职业培训-习题集 Ⅳ.①F272.92-44

中国版本图书馆 CIP 数据核字(2017)第 278795 号

中国劳动社会保障出版社出版发行
(北京市惠新东街1号 邮政编码:100029)
*
三河市华骏印务包装有限公司印刷装订 新华书店经销
787毫米×1092毫米 16开本 5.75印张 108千字
2017年11月第2版 2018年8月第2次印刷
定价:16.00元

读者服务部电话:(010)64929211/84209103/84626437
营销部电话:(010)84414641
出版社网址:http://www.class.com.cn

版权专有 侵权必究

如有印装差错,请与本社联系调换:(010)50948191
我社将与版权执法机关配合,大力打击盗印、销售和使用盗版图书活动,敬请广大读者协助举报,经查实将给予举报者奖励。
举报电话:(010)64954652

内 容 简 介

本辅导练习由人力资源社会保障部教材办公室、中国就业培训技术指导中心上海分中心、上海市职业技能鉴定中心依据上海1＋X企业人力资源管理师（一级）职业技能鉴定细目组织编写。本辅导练习中的案例根据教材中涉及的六大模块编写，内容包括人力资源规划、招聘与配置、培训与开发、绩效管理、薪酬福利管理、劳动关系管理，是《1＋X职业技术·职业资格培训教材——企业人力资源管理师（一级）第2版》的配套用书。

本辅导练习各单元与教材中的各个篇章相互对应，提供有针对性的辅导案例题，并且注明解决问题的思路，便于读者检验和巩固所学内容。为了帮助读者熟悉企业人力资源管理师（一级）的鉴定考核形式，本辅导练习提供了企业人力资源管理师（一级）鉴定方案和模拟试卷。模拟试卷内容包括：实务技能模拟试卷及参考答案、命题论述文模拟试卷及参考答案等。

本辅导练习可作为企业人力资源管理师（一级）职业技能培训与鉴定考核的辅导书，也可作为全国高等职业院校相关专业学生的辅导教材，以及企业人力资源总监、经理等相关人员学习与培训的参考资料。

改版说明

《1+X 职业技术·职业资格培训教材——企业人力资源管理师（一级）职业技能鉴定辅导练习》自 2015 年出版以来深受从业人员的欢迎，在企业人力资源管理师职业资格鉴定、职业技能培训和岗位培训中发挥了很大的作用。

本辅导练习依据新版教材编写，帮助读者学习《1+X 职业技术·职业资格培训教材——企业人力资源管理师（一级）第 2 版》的核心内容，并且检验所学知识与技能的掌握程度。

本辅导练习案例编写的原则是：既注重人力资源实践活动的真实性和生动性，又考虑案例的教学价值和指导意义，同时兼顾不同所有制形态下企业人力资源管理的实践特点，表现出全球广度和本土深度，将人力资源的实践与时俱进地展现出来，以利于较好地把人力资源管理理论与人力资源管理实践活动有机结合起来。

本辅导练习案例编写的思路是：从实际存在的问题出发，在分析问题的过程中，引导读者学习人力资源的专业理论和理念，进而指导读者运用相关的人力资源方法和技能，解决企业面临的迫切问题，从而达到事半功倍的效果。

本辅导练习在素材收集过程中，得到了中欧国际工商学院人力资源研究学会的大力支持，研究会的企业成员（西门子中国公司、海立控股集团公司、三花控股集团公司、迈智咨询公司）提供了各自单位有价值的人力资源实践材料，吴静、黄亚非、莫杨、王恒、俞敏悦等资深专业人士帮助汇编了相关案例，在此表示诚挚的感谢。

前　言

　　职业培训制度的积极推进，尤其是职业资格证书制度的推行，为广大劳动者系统地学习相关职业的知识和技能，提高就业能力、工作能力和职业转换能力提供了可能，同时也为企业选择适应生产需要的合格劳动者提供了依据。

　　随着我国科学技术的飞速发展和产业结构的不断调整，各种新兴职业应运而生，传统职业中也愈来愈多、愈来愈快地融进了各种新知识、新技术和新工艺。因此，加快培养合格的、适应现代化建设要求的高技能人才就显得尤为迫切。近年来，上海市在加快高技能人才建设方面进行了有益的探索，积累了丰富而宝贵的经验。为优化人力资源结构，加快高技能人才队伍建设，上海市人力资源社会保障局在提升职业标准、完善技能鉴定方面做了积极的探索和尝试，推出了1＋X培训与鉴定模式。1＋X中的1代表国家职业标准，X是为适应经济发展的需要，对职业的部分知识和技能要求进行的扩充和更新。随着经济发展和技术进步，X将不断被赋予新的内涵，不断得到深化和提升。

　　上海市1＋X培训与鉴定模式，得到了国家人力资源社会保障部的支持和肯定。为配合上海市开展的1＋X培训与鉴定的需要，人力资源社会保障部教材办公室、中国就业培训技术指导中心上海分中心、上海市职业技能鉴定中心联合组织有关方面的专家、技术人员共同编写了职业技术·职业资格培训教材。

　　职业技术·职业资格培训教材严格按照1＋X鉴定考核细目进行编写，教材内容充分反映了当前从事职业活动所需要的核心知识与技能，较好地体现了适用性、先进性与前瞻性。聘请编写1＋X鉴定考核细目的专家，以及相关行业的专家参与教材的编审工作，保证了教材内容的科学性及与鉴定考核细目以及题库的紧密衔接。

　　职业技术·职业资格培训教材突出了适应职业技能培训的特色，使读者通过学习与培训，不仅有助于通过鉴定考核，而且能够有针对性地进行系统学习，真正掌握本职业的核心技术与操作技能，从而实现从懂得了什么到会做什么的飞跃。

职业技术·职业资格培训教材立足于国家职业标准，也可为全国其他省市开展新职业、新技术职业培训和鉴定考核，以及高技能人才培养提供借鉴或参考。

新教材的编写是一项探索性工作，由于时间紧迫，不足之处在所难免，欢迎各使用单位及个人对教材提出宝贵意见和建议，以便教材修订时补充更正。

人力资源社会保障部教材办公室
中国就业培训技术指导中心上海分中心
上海市职业技能鉴定中心

目　录

第一单元　人力资源规划
一、学习要求 ………………………………………………… 3
二、职业技能鉴定考核要点 ………………………………… 3
三、练习题 …………………………………………………… 4
四、练习题解析 ……………………………………………… 7

第二单元　招聘与配置
一、学习要求 ………………………………………………… 15
二、职业技能鉴定考核要点 ………………………………… 15
三、练习题 …………………………………………………… 16
四、练习题解析 ……………………………………………… 19

第三单元　培训与开发
一、学习要求 ………………………………………………… 25
二、职业技能鉴定考核要点 ………………………………… 25
三、练习题 …………………………………………………… 26
四、练习题解析 ……………………………………………… 29

第四单元　绩效管理
一、学习要求 ………………………………………………… 35
二、职业技能鉴定考核要点 ………………………………… 35
三、练习题 …………………………………………………… 36
四、练习题解析 ……………………………………………… 39

第五单元　薪酬福利管理

一、学习要求 …………………………………………………………… 45
二、职业技能鉴定考核要点 …………………………………………… 45
三、练习题 ……………………………………………………………… 46
四、练习题解析 ………………………………………………………… 49

第六单元　劳动关系管理

一、学习要求 …………………………………………………………… 55
二、职业技能鉴定考核要点 …………………………………………… 55
三、练习题 ……………………………………………………………… 56
四、练习题解析 ………………………………………………………… 59

第七单元　综合案例

一、学习要求 …………………………………………………………… 65
二、综合案例题 ………………………………………………………… 65
三、综合案例题解析 …………………………………………………… 70

企业人力资源管理师（一级）鉴定方案 ……………………………… 74
实务技能模拟试卷 ……………………………………………………… 75
实务技能模拟试卷参考答案 …………………………………………… 77
命题论述文模拟试卷 …………………………………………………… 79
命题论述文模拟试卷参考答案 ………………………………………… 80

第一单元

人力资源规划

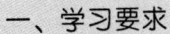

人力资源规划

一、学习要求

本单元以人力资源规划为主题,重点阐述了三部分内容:战略人力资源管理、战略人力资源能力体系人力资源审计。相对于传统的人力资源管理,战略人力资源管理的定位是在支持企业战略中充分发挥人力资源管理的作用和职能,主要指为企业能够实现目标所进行和采取的一系列计划、具有战略性意义的人力资源部署和管理行为。同样,伴随着现代人力资源管理理论与技术的不断创新,人力资源审计理论及方法在人力资源管理中的作用日益突出。人力资源的开发和利用直接影响着企业的成败,因此加强对人力资源管理和使用的审计监督,是保证人力资源核算与管理真实性、正确性和公允性的重要一环。

通过本单元的学习,学员能够了解战略人力资源管理的理论基础和研究方法、企业战略和人力资源战略选择的方法、组织能力建设的三大支柱、企业文化的功能和形成过程;掌握人力资源的六大竞争能力、人力资源业务伙伴的工作职责、人力资源共享服务中心带给企业的优势;学会人力资源成本审计的方法、人力资源审计的应用、人力资源审计的流程和参数设计。

二、职业技能鉴定考核要点

鉴定范围	鉴定点	重要程度
战略人力资源管理概述	战略人力资源管理的主要内容	9
	战略人力资源管理对职能人力资源的颠覆	9
	战略人力资源管理的研究方法	5
	战略人力资源管理面临经济全球化的挑战	5
企业战略与人力资源战略	企业战略的选择	5
	人力资源战略的选择	5
	企业战略与人力资源战略的关系	9
组织能力建设	组织能力建设的支柱	9
	组织能力建设的重要参与者	9
	改善组织边界	5
企业文化及其塑造	企业文化的功能	5
	受推崇的企业文化	5
	企业文化的塑造	5
	企业文化形成的四个阶段	9
人力资源竞争力	人力资源战略角色	9
	人力资源竞争能力	9

续表

鉴定范围	鉴定点	重要程度
人力资源业务伙伴	人力资源业务伙伴职位工作职责	9
	人力资源业务伙伴的形式	9
	人力资源业务伙伴所服务的对象	9
	人力资源业务伙伴发展过程中的问题	9
人力资源共享服务中心	构建人力资源共享服务中心的目的	9
	人力资源共享服务中心的职能	9
	人力资源共享服务中心的实现	9
	人力资源共享服务中心发挥功能的关键因素	5
	影响人力资源共享服务中心功能发挥的阻碍因素	5
	构建人力资源共享服务中心面临的挑战	5
人力资源审计	人力资源审计的概念	5
	人力资源审计的范围	9
	人力资源审计的分类	5
	人力资源审计的应用	5
	人力资源审计的方法	5
	人力资源审计的流程	5
	西方国家人力资源审计中的参数设计	5

三、练习题

【案例1】

案例背景

智慧传播集团是一家大型的图书出版企业,主要经营教材和教学辅导书的出版业务。目前,集团面临着内外两方面的巨大挑战。就外部环境而言,电子书及网上书城的出现对其经营活动带来了巨大的冲击。就内部环境而言,由于企业属于国有性质,集团的行政化、非市场化运作色彩比较浓厚;企业主营业务在一年当中就几个月的活,其他时间基本处于空闲状态;最近几年企业一直处于亏损状态……然而,员工们对于出现的问题都置身事外。因为工资不低,福利待遇也很好,进来的人都不愿意出去。

新接任集团董事长与党委书记的张远意识到了集团目前存在的问题。到任后,他主持制定了集团"提升转型、两轮驱动"的战略,并且将自己的变革设想与集团人力资源总监孙涛进行了深度交流,达成了共识。接下来,孙涛的任务就是提交一份组织变革的方案。如果方案可行,张远将和孙涛一起推动一场深刻的组织变革。领命后,孙涛开始搜集关于集团现状的资料和信息,并将它们分为五个方面。

1. 员工的意识

孙涛设计了一份调查问卷进行调查。结果显示，77.6%的员工对集团的战略方向不是很清楚，还有相当多的员工对各自在实施公司战略过程中的角色和责任缺乏了解。同时，调查还发现，公司在战略执行的宣传方式上都是从上至下的，缺乏从下往上的反馈通道。

2. 绩效管理现状

由于是国有企业，难免有"大锅饭"的问题。员工干好干坏一个样，因为工资和奖金上并没有区别。例如，各个子公司总经理的年薪都在16万～20万元，而各个子公司的业绩差距很大。虽然目前集团也有考核，但是标准不明确，因此能力低下的管理者也能过日子。大多数员工认为，干事情很难，不干事情很好混；只要会在领导面前吹吹拍拍，日子就可以过得很滋润。

3. 人才管理现状

集团目前面临着员工年龄偏大、学历偏低，适应新技术发展需要的专业人才和管理人才严重不足的问题。虽然集团"不差钱"，可以用高价从市场引进人才，但是人才短缺问题的实质是：企业人才培养和选拔机制落后于企业发展的战略需要。

4. 组织架构和流程问题

集团内部在体制和制度方面也存在问题，如内部沟通不顺畅、相互制约。例如，由于历史原因，集团内的子公司都分别设有行政部、企业管理部、人力资源部等，这给内部信息的积极分享、工作流程的合理展开、内部供应链的高效运作等带来不少困难。

5. 历史遗留问题

老国有企业都有一些历史遗留问题，智慧传播集团也不例外，如离职员工上访、离退休老同志的待遇要求等。

案例思考

1. 根据上述案例，人力资源总监孙涛应该从哪几个方面入手才能取得组织变革的成功？

2. 作为人力资源总监，在组织变革中应该关注哪部分群体的利益？又该如何应对？

【案例2】

案例背景

通用电气公司是世界上经营成功的公司之一，它的成功不是偶然的，"群策群力"的管理方法和企业文化是为其带来辉煌的一个重要原因。"群策群力"是人们非常熟悉的词语，其大意是集中众人的智慧和力量。它的实施过程简单而且直接：由几个跨职能或级别的经理和员工组成的小组提出企业中存在的严重问题，然后提出改进建议，并在会议上提交给高级主管；高级主管当场对这些建议做出行或不行的决策，并派人去实施被批准的建议；然后定期检查进度，以保证能够得到预期的结果。但是，要将"群策群力"变成一种行之有效的管理方法和企业文化却不那么容易，它的形成凝结了杰克·韦尔奇及其管理团队的数年努力。作为一种新的管理方法和企业文化,"群策群力"对组织追求卓越管理具有深远的意义,其提倡的无障碍沟通、组织成员的平等参与、速度、对成员的授权等都是提高企业文化竞争力的关键。

顺德电子有限公司是一家集生产、销售、研发于一体的企业,现有员工上万名。在公司规模扩大的同时,一些弊端日益凸显:部门领导主观臆断、独断专行,导致官僚主义作风盛行;因部门众多,导致信息交流不畅,决策制定过程缓慢;进而导致员工积极性下降,生产效率低下。为了将公司从官僚主义作风和烦冗的工作流程中解放出来,快速地发动和组织成员集体参与到决策过程中,公司高层研究之后决定推广"群策群力"的管理方法和企业文化,并将这项变革交给了人力资源总监负责。下面,让我们看看人力资源总监对这次变革的印象。

在变革开始阶段,为了鼓励大家"群策群力",公司总经理同意提供全部费用;而且在和他人讨论"群策群力"时,还询问主管们为此都做了哪些工作,并把它列了在公司执行会的议程上。但一段时间以后,大家明显觉得总经理对此事的重视程度有所下降;而且也听到很多人在议论,说这次"群策群力"不过是新一轮裁员的伪装,有些主管的积极性明显下降了。同时,在"群策群力"的执行过程中,还发现公司有些部门的负责人并不欢迎这种做法,他们中的有些人只是表面迎合,在大家面前表示非常支持"群策群力",但是背后却依然保持以前的行为方式和领导风格。究其原因,是因为他们觉得自己的权威受到了威胁。让人感到不解的是:在"群策群力"实行之前,员工的呼声比较高,但是在实行的过程中,员工的表现却远远低于预期。通过调查,一些员工表示,这只是一个口号,与自己的实际工作没有任何关系;虽然参加了一些会议,但自己的工作不会因此改变。还有一些员工表示,"群策群力"只是开会时的一套程序而已,对其他工作也不起什么作用……就这样,一场声势浩大的变革就无疾而终了。

案例思考

1. 请结合案例,分析公司推广"群策群力"失败的原因,你能从中吸取哪些经验教训?

2. 作为人力资源负责人,你认为哪些做法能够将人力资源管理与企业文化有效地结合起来?

【案例3】

案例背景

新普顿公司是一家中等规模的私有企业,员工约有2 000人,主要从事电动工具产品生产与销售,业务连续多年保持了高利润、高成长的发展趋势,未来发展潜力看好。胡杰MBA(Master of Business Administration,工商管理硕士)毕业后,进入公司担任人力资源总监。公司人力资源部门有20多名员工,有4名职能主管分别负责人员招聘、培训开发、绩效考核和薪酬管理工作。

胡杰满怀信心上任，但不久就发现了很多问题。首先，他发现各个部门之间沟通不畅，开会时互相抱怨其他部门不配合，公司决策难以落实。其次，员工对企业忠诚度一般，很多骨干对企业颇有微词，主要原因是他们认为企业虽然发展迅速、效益良好，但员工的薪酬水平在市场上不具备竞争力。最后，人力资源部门的工作局限于传统的管理模式，招聘、培训、绩效、薪酬等工作按部就班。招聘工作以填补空缺职位为主；培训上课活动频繁，但出勤率不高；绩效工作主要是忙于填写各种表格；薪酬工作就是考勤和工资结算。

另外，人力资源部门仅有一半员工具有人力资源及相关专业学历，仅有25%的员工具有人力资源管理经验。部门4名主管，一名原先是图书管理员，一名是办公室秘书，另两名主管虽然有人事工作经验，但又都没有专业学历。4名主管手下的员工都是刚入职一年的大学毕业生。在人力资源部门一般很少有人能对新员工进行帮助和指导，大家都是各干各的，彼此很少沟通。尽管人力资源部门的工作任务非常繁重，但其他部门似乎并不满意，总认为人力资源部门不能及时对他们的要求做出响应；由于人力资源部门对公司的战略规划了解甚少，其决策也很难对公司的大政方针产生影响；很多部门认为人力资源部门的政策是闭门造车。

下一年，公司有着更宏伟的战略发展计划。为了提高竞争力，公司大力提倡人力资源管理是企业的发展动力，倡导"沟通、合作、团队、奋斗"的企业文化，加快从"以产品为导向"向"以客户为导向"的业务服务模式转型。然而，公司的发展计划似乎并没有鼓舞到每一个员工，对于公司提出的"沟通、合作、团队、奋斗"的企业文化，很多员工认为仅仅是又一次更换了公司墙上的宣传口号而已。

胡杰认为，企业的发展对人力资源管理职能提出了新的要求，公司的人力资源管理职能必须提升，进行角色转化，才能为企业发展提供长远的支持。

案例思考

1. 胡杰应当如何实现人力资源管理的职能提升和角色转化？
2. 基于人力资源管理职能提升的要求，胡杰和人力资源部门的工作重点有哪些？

四、练习题解析

【案例1】

1. 案例思考1

若想取得组织变革的成功，首先企业必须分析自身所处的环境，制定正确的战略方针。而人力资源总监的任务就是根据企业的战略设计组织变革的策略。在案例中，集团董事长张远在意识到集团存在的危机后，结合内外部环境现状，制定了"提升转型、两轮驱动"的战略。企业应该依据选定的战略方向，明确两三项与战略最直接的组织能力，如创新、低成本、服务等。而想要打造出支持战略的组织能力，需要三个支柱的支撑：员工能力、员工思维模式和员工治理方式。

在推动组织变革、打造组织能力的三个支柱之前,需要让员工认识到企业的现状,向他们灌输危机意识,这样才能让组织中的员工拥有变革的动力。建议通过邀请内外部专家顾问开讲座、做专题等方式,不断地向员工传递企业面临的内外部挑战和机遇。

作为支撑组织能力的第一个支柱——员工能力,是指全体员工必须具备能够实施企业战略、打造所需组织能力的知识、技能和素质。在这方面,企业可以建立员工能力模型,通过行为评鉴中心、360度反馈等手段评估员工能力,利用人才盘点建立接班人培养体系,并通过导师制、培训课程、网络学习、行动学习、观摩学习等方式提升人才能力。如案例中,智慧传播集团面临着员工年龄偏大、学历偏低,适应新技术发展需要的专业人才和管理人才严重不足的问题。面对这种情况,建议可采用内部公开招聘方式,选择一批有能力、有技术的年轻专业人员和管理人员,同时为员工提供多种形式的培训。

员工会做不等于愿意做。因此,要打造组织能力的第二个支柱——员工的思维模式,让大家每天在工作中所关心、追求和重视的事情与公司所需的组织能力匹配。在打造员工思维模式方面,公司可以运用的工具包括高层主管以身作则、平衡计分卡、KPI(Key Performance Indicator,关键绩效指标)设定及下达、客户满意度调查、激励计划、末位淘汰等。作为人力资源部门,可帮助集团重新梳理KPI指标,并将指标的实现情况直接与子公司负责人的收入挂钩。值得注意的是,绩效管理在试行阶段,考核结果可不与实际经济奖惩挂钩。

当员工具备了所需的能力和思维之后,公司还必须提供有效的管理支持和资源,这样才能促使这些人才充分施展所长,执行公司战略。在打造员工治理方式上,公司常用的工具包括组织重组、流程再造、六西格玛、客户管理系统、ERP(Enterprise Resource Planning,企业资源计划)、知识管理等。因此,作为人力资源总监,在设计组织变革方案时,还应考虑组织架构是否合理、该如何理顺、如何调整,尽量做到精简职能机构、优化内部流程,如引进ERP管理系统等。

企业要从自身需求出发选用合适的工具,而不是业界流行什么就用什么。假如公司最大的弱项是员工能力,那么组织重组不一定是最优选择,企业需要关注的是人才的引进和培养。相反,如果公司最大的弱项是员工思维模式,即员工有能力但不愿意或不敢做,则企业必须优先关注的工具是绩效管理和激励体系。

2. 案例思考2

作为人力资源总监,在此次组织变革过程中,应该关注以下人群的利益。

(1)子公司负责人。新KPI指标的制定,对于很多传统制度下吃惯"大锅饭"的子公司总经理来说,无疑是一场革命。对于新考核标准的制定,大家充满了担忧与困惑。面对这种情况,企业的领导人应该给大家一个适应的过程,在新考核标准试行期间,要对各子公司进行严格的考核,并对考核结果进行排名,但考核结果不与实际经济奖惩挂钩。在此期间,对于考核优秀的子公司负责人给予其他途径的奖励。这样做就是让大家习惯新的考

核制度。考核制度正式实施后,企业根据考核结果对各子公司负责人进行相应的奖惩,内容包括经济与职位两个方面。

(2)企业中的普通员工。普通员工可以分为两类:一类是业绩优秀的员工,另一类是业绩平平的员工。作为企业领导,要为优秀的员工提供晋升的机会。在变革的过程中,可以采用内部选拔或内部公开招聘的模式,为有潜能的员工提供走向管理岗位的机会。让员工知道,只要好好工作,好好表现,就能得到提拔。而对于业绩平平或比较差的员工,企业要为其提供培训上岗的机会,对其进行妥善安排。

(3)为企业做出历史贡献的老同志(部门原领导人)。对于老同志,首先要尊重他们的选择,如果他们选择不参加竞选,集团负责合理安排,保证不会降低他们的级别与待遇;如果他们愿意参加竞选,集团给机会,相应的年龄标准可以放宽,不过必须要和其他人一样参加笔试和面试,保证竞选的公平与公正。

(4)一些离职员工和离退休老同志的利益也是值得关注的。对于经济转型中的老国有企业,有些历史遗留问题是无法回避的,必须直面和解决。作为企业的领导者,一方面要听取他们的意见与诉求,满足他们的合理要求;另一方面要坚持立场,对于无理的要求予以回绝。在这个过程中,要让他们畅所欲言,同时还要向他们详细说明企业的现状,说服他们理性地解决问题,而不是意气用事。

【案例 2】

1. 案例思考 1

根据案例,顺德电子有限公司变革失败的原因主要有以下几方面。

首先,公司领导没有给予持续的支持。变革的成功、文化的形成,离不开公司领导坚持不懈的努力。在这个过程中,领导应该表现出积极和持续的支持:一方面,公司领导应该认识到新文化的变革和形成需要时间,应该给予持续的支持和关注;另一方面,在实施新的文化变革中,必须要比任何时候都果断、确定、积极。

其次,部门负责人对新文化的错误认识。有些部门负责人没有真正认识到新文化的真谛,只是从自己的角度出发,由于对新文化的恐惧而产生了抵触情绪,进而阻碍了新文化的形成。此时,需要帮助他们树立正确的认识,相信新文化能帮助他们达到一个新的高度。

最后,没有保证新文化成为切实可行的行为规范。对于员工来说,新文化只是一个口号、一个会议程序,没有给他们的工作带来真正的改变。在新文化变革的过程中,管理者应该不断地灌输新文化的观念,让其成为一套持续的管理原则和哲学。

2. 案例思考 2

当新的文化融入组织系统时,文化的变革就发生了。作为人力资源部门的负责人,可以从以下几个方面将人力资源管理与企业文化进行有效结合。

首先,将企业的价值观念与用人标准结合起来。这就要求企业在招聘、提升员工的过程中对其进行严格的考察，留任那些适应新文化的员工。

其次，将企业文化的要求贯穿于企业培训之中。设计和开发的培训课程要能告诉人们什么是重要的。培训内容既可包括职业培训，也可包括非职业培训，都要力求将企业文化通过活动潜移默化地传达给员工，从而影响员工的行为。

再次，将企业文化的要求融入员工的考核与评价中。绩效管理系统面临的一个主要挑战是衡量员工的期望，当员工以正确的方式行动后，接下来就是用物质和非物质的奖励方式来加强这种行为。所以，在考核体系内，要将企业价值观念的内容注入，作为多元考核指标的一部分。

最后，将企业文化的形成与企业的沟通机制相结合。因为只有上下理解一致，才能在员工心目中真正形成认同感。而且，要让员工、客户和投资者通过许多方法来共享信息，让新的企业文化在各方的交流中形成共识。

【案例3】

1. 案例思考1

为了实现人力资源管理职能的提升和角色转化，胡杰需要不断对现在的人力资源管理进行改良和创新。

（1）将人力资源管理非核心事务外包。非核心事务外包是指将某些日常的、非核心的管理工作交给企业外部专业化程度更高的公司或机构去管理。外包之后企业内部的人力资源管理者将有更多的精力去解决对企业价值更大的管理实践开发及战略经营伙伴等问题，既有利于企业专注于自身核心业务，也可以充分利用外包服务商的专业化服务获得规模效益。

（2）利用信息技术实现全面支持。人力资源部门进行战略性管理，需要更充裕的时间和精力，这可以通过信息技术的引进得以释放，如引进ERP等，不仅能够降低成本，而且有助于各类员工积极看待人力资源部门的效能。

（3）将人力资源管理职能内部直线化。传统组织理论下形成的"金字塔"式的组织结构层级过多，阻碍了信息的有效传递。在当今时代，组织结构趋向扁平化，这种趋势要求不同层次的直线管理者掌握必要的人力资源管理技术。人力资源管理不仅是人力资源部门的职能，也应该是每个部门经理工作的组成部分。随着员工素质的不断提高，对业务部门管理者的人力资源管理要求也会越来越高，过去认为是人力资源部门的管理任务将越来越多地转移给业务部门的管理者。

（4）强化人力资源职能管理人员的综合素质。在战略人力资源管理的背景下，人力资源管理人员要想有效地承担起企业的战略经营伙伴、行政管理专家、员工顾问以及监督执行者这四大角色，必须在原有的能力基础上具备一些新的能力——战略定位能力、可信赖的积极行动能力、组织和员工能力的打造能力、变革推动能力、HR（Human Resource，人力资源）创新和整合能力、技术推动能力。只有具备并能综合运用这样一整套全新能力

的人力资源管理人员,才能真正实现企业战略性人力资源管理。

2. **案例思考2**

针对当前的状况,胡杰和人力资源部门的工作重点如下:

(1) 转变员工观念。习惯于传统管理模式的人力资源管理人员,面对职能的提升和角色的转换,首先需要转变观念,从以往的"行政支持者"转变为"策略的筹划及执行者",为业务部门提供增值服务。面对这种情形,人力资源管理人员只有对企业存在的问题、发展方向、面临的挑战和机遇有清醒的认识,才有可能为各业务职能部门提供有益的帮助。因此,在制定人力资源战略的时候,应以企业总体的发展战略为指导,以企业愿景和规划为行动方向和目标。

(2) 提高员工能力。从传统的"行政支持者"转变为"策略的筹划及执行者",代表着对人力资源管理人员提出了更高的要求。人力资源管理人员不仅要具备过硬的专业技能,如薪酬体系的设计、企业人力资源效率的评估等;还要具备一定的管理才能,如企业财务的整体评估、企业组织和工作设计等;更要具备组织才能,如企业文化的建设、多元化的价值观等;此外还需具有个人才能,如个人影响力、领导风格等。

只有具有了正确观念和胜任能力,人力资源管理人员才能真正成为公司战略目标实现的主要力量,才能成为真正的企业战略合作伙伴。

第二单元

招聘与配置

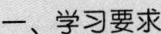

招聘与配置

一、学习要求

本单元以招聘与配置为主题,重点阐述了三部分内容:战略视角下的人员招聘、胜任素质模型、中高级人才的招聘和配置。招聘管理系统同其他管理系统一样,都是一个开放的系统,受诸多因素的影响和制约。归根结底,企业的竞争是人力资源的竞争。所以,能招聘、吸引或选拔出合适的员工,使企业具备有竞争力的人力资源是一个企业兴衰的标志。然而,运用人力资源来创造优势,不可避免地需要较长时间才能显现出效果。因此,企业必须以长期的战略眼光来设定人力资源管理制度和招聘策略。

通过本单元的学习,学员能够了解影响招聘的外部因素、影响招聘的内部因素、战略导向招聘策略的制定、招聘中应该重视的战略问题、胜任素质模型的构建、基于胜任素质模型的招聘和甄选、中高级人才的特征与价值、中高级管理人才的选拔方法、国际外派人员的选拔与管理。

二、职业技能鉴定考核要点

鉴定范围	鉴定点	重要程度
影响招聘的因素分析	影响招聘的外部因素	5
	影响招聘的内部因素	5
企业战略与人员战略	围绕企业战略的人员招聘战略	9
	战略导向招聘策略的制定	9
	人员招聘中几个值得重视的战略问题	9
胜任素质理论概述	胜任素质的概念	5
	胜任素质理论的产生和发展	5
胜任素质模型的构建	胜任素质模型的概念	5
	胜任素质模型的建立	9
基于胜任素质模型的招聘和甄选	胜任素质模型的应用概况	5
	基于胜任素质模型的招聘和甄选操作程序	9
中高级人才的特征与价值	中高级人才的特征	5
	中高级人才对组织的价值	5
中高级管理人才的招聘和配置	中高级管理人才的定义和应具备的素质	5
	中高级管理人才的选拔方法	9
	选聘中高级管理人才的原则和策略	9

续表

鉴定范围	鉴定点	重要程度
中高级专业技术人才的招聘和配置	中高级专业技术人才的定义和应具备的素质	5
	中高级专业技术人才的选拔、聘用策略	9
国际外派人员的选拔管理	跨国企业国际外派人员的选拔	5
	跨国企业国际外派人员的管理	5

三、练习题

【案例1】

案例背景

信达集团成立于2000年，主营业务包括服装、餐饮娱乐、物资运输等。最近，集团遇到了一个宝贵的机会——在省城中心商业街黄金地段获得一块不小的地皮。对于这寸土寸金的地段，集团当然要充分而谨慎地加以利用。经过周密的市场调查，集团决定在此建设并经营一家专门出售最新款式时装的中型商场。相关调查数据显示：省城及其附近市县对时装的需求量较大。同时，集团还对竞争对手进行了分析：商业街附近仅有的两三家大型百货商场由于经营方式的改变，已经失去了原有的竞争优势。这些大百货商场以联营方式来经营，而联营的伙伴都是各制造厂的销售代理商，总是尽量把自己的产品脱手售出，不管用什么手段和通过什么渠道。代理商们参与多家商场的联营，卖的却是同样的商品。另外，各商场实际上已不从事商品销售，而通过这种实质上是租让柜台店面的联营，坐地收租，成了"物业管理"专业户，不怎么关心和过问市场与经营。那些代理商所出售的商品只是各自的委托方，即特定的制造厂以批量生产的、式样较固定而品种有限的产品，因此经营的不是"时装"，而是一般的服装。这样，这些对手并不足惧，甚至并不是属于同一市场的竞争对手。

在综合分析的基础上，集团认为自己最大的优势在于理念、定位和管理。集团提供发自内心的热情诚恳的服务，并且提供货真价实的商品。在这一点上，个体摊贩也常对顾客满面堆笑，但顾客却知道他们的真正目标是自己袋中的钱财。因此，集团倡导在"真诚服务社会"的企业文化基础上，设计相应的战略、组织结构等"上层建筑"。为了鲜明而直观地建立商场的独特形象，相关部门设计出一张"真诚微笑的嘴"作为商场的标识，并决定用英文微笑（Smile）的音译"斯迈尔"来为商场命名。与此同时，为了与企业文化和战略相适应，集团为商场设计了较简单的组织结构（见下图）。这种结构层次少、反应快，但对中层经理的德才要求较高。

企业文化、战略和组织结构既已确定，招聘合适的人来配备各个岗位就成为当务之急。人力资源总监决定亲自主持此次招聘工作。在员工招聘的过程中，基层一线售货员的招聘很顺利，并已经开始了岗前培训。但让人力资源总监焦虑的是，如何招募一批可以胜任中层职务的骨干呢？经过商讨，他决定先在网上刊登广告，公开招聘。根据其多年的工作经验，招聘广告规定申请者必须具备 5 年以上的商业运作经历。其具体招聘过程如下：第一步——面谈，其中申请担任副经理等高级职位的面谈，由集团高层亲自进行，其余层次的则由自己负责；第二步——笔试，经过初选的应聘者需要参加笔试，主要考察商业知识，试卷主要由"价格的构成因素是什么？""营业柜组的三项直接费用是什么？""订货合同应包含哪些内容？"等相关问题构成。广告发布后，报名者有 200 余人，经过面谈筛选出的 84 名候选者进入笔试，而且全部通过了测试。

案例思考

1. 根据案例，你如何评价人力资源总监在招聘过程中的做法？
2. 如果你是人力资源总监，针对现状你会如何设计有效的招聘方案？

【案例 2】

案例背景

雅兰集团是一家国际知名的化妆品公司，总部位于法国巴黎，旗下拥有数十个全球知名的化妆品品牌。2013 年，雅兰收购了一个中国本土化妆品品牌——TS，计划重新打造TS，使之占领中国市场并逐步推向国际市场。因此，招募一个既熟悉 TS 本身品牌概念，又理解雅兰对 TS 的要求和计划，而且能重新定义 TS 品牌概念的品牌经理迫在眉睫。

由于雅兰的品牌大多数为欧洲品牌，以往采用的都是品牌经理外派的方式，因为这样能够更好地保持雅兰各品牌在全球的统一形象。但是，由于 TS 是一个中国本土品牌，雅兰希望能在中国招到符合要求的品牌经理，以便更好地打造 TS 的形象。因此，总部提出了招募一个华裔品牌经理的要求，并把详细的职位说明书发给了中国区人力资源总监。

经过多轮筛选和面试，人力资源总监最终确定了两名候选人 A 和 B。A 年轻时出国求学，在国外学习和工作了很多年，懂多国语言，曾在南美洲国家有成功的品牌运作经验，具有全球观；B 则拥有在国内多家公司市场运作方面的经验，曾在一家大型跨国公司从基层岗位做到了品牌经理，拥有丰富的实践经验，对中国市场了解透彻。在面试的过程中，

A 的语言表达能力出色，其全球性观念给人力资源总监留下了深刻的印象，虽然没有中国市场运作的经验，但是似乎与职位要求更加吻合。B 虽然有丰富的中国市场品牌运作经验和对中国市场的深入了解，但是由于没有海外学习、工作背景，外语能力欠佳而显得逊色。经过慎重考虑，人力资源总监决定将 A 推荐给总部。经过分析讨论，总部决定录用 A 为 TS 的品牌经理。

A 入职后，根据总部的要求和个人的经验，重新打造并推广 TS 品牌。但是，由于他对中国市场的把握失误，导致 TS 在品牌形象、推广途径、新品开发等方面未能迅速抓住中国消费市场的需求，TS 的销量出现了急剧滑坡的现象。总部为此十分着急，不断对其施加压力。最终，A 选择了离开公司。相反，去了竞争对手企业的 B，由于对中国市场非常了解，其运作的品牌销量不断增加。面对这种情况，人力资源总监陷入了深深的反思：到底什么样的人才既能满足总部的要求，又能满足本土的需要呢？

吸取了此次招聘失败的教训，中国区人力资源总监重新与总部进行了沟通，明确了总公司对 TS 品牌经理的短期期望和长期期望，结合 TS 品牌在中国发展的计划，建立了 TS 品牌经理的核心能力模型。在面试过程中，通过对候选人的能力、经验、背景、潜能与核心能力模型的对照，迅速圈定了候选人 C。C 的背景与 B 类似，对中国市场有深入的理解并有成功经验，虽然没有海外留学和工作的背景，但是获得了中欧商学院的 EMBA（Executive Master of Business Administration，高级管理人员工商管理硕士）学位，具有一定的全球观。虽然大家对 C 没有国际性企业的品牌运作经验稍有担忧，但是在 TS 品牌经理核心能力模型中，对中国市场理解和运作经验被排在最优先的位置，因此仍然录用 C 作为 TS 品牌的品牌经理。C 入职后，人力资源部门为其定制相关培训。最终，C 带领 TS 品牌成功走出了低谷，重新建立了总部对 TS 品牌的信心。

案例思考

1. 根据案例，请分析第一次招聘失败的原因。
2. 你认为如何才能科学有效地选拔中高级管理人才？

【案例3】

案例背景

雅美公司成立于 1995 年，是国内首家以中草药添加为特色，包含洗面奶、精华液、面霜等一体化护肤品的研发、生产及营销的企业。目前，市场主要以华南区为中心辐射全国，全国零售店超过 200 家。近几年来，公司的销售额以每年 30% 左右的速度稳定增长，净利润增速高达 32%，在国内日化护肤品行业排名前三。雅美公司提倡的护肤理念是"美必须发自根源，由内而外，以内养外，内外平衡"。在二十几年的发展历程中，雅美一直都以中医提倡的"自然、平衡、内外兼修"的理念，帮助消费者追求自然美。

雅美公司成立初期从代加工生产做起，主要为几个国外知名品牌进行代加工生产，这也是企业当时利润的主要来源。随着护肤品领域竞争的加剧，原材料和劳动力成本不断上升，生产成本随之增加，利润也随之被削薄了。面对这种情况，雅美公司高层决定进行战略转型，提出了加强研发、梳理品牌、努力开拓国际化路线的新战略。在代加工期间，雅美公司自己也研制了一款嫩肤霜，在1998年一经推出便受到消费者的欢迎。公司决定加大生产，但因生产线工作人员多而有能力的销售员工少，造成产品积压严重，公司效益受损。于是，公司决定在生产员工中招聘销售人员，鼓励生产员工报名充实到销售岗位。经过内部招聘，公司选拔了一批销售人员，使公司走出了销售困境。1999年，由于业务快速发展，企业急需一批经验丰富的业务经理，为了解决这一问题，公司又采用内部招聘方式，从销售人员中选拔优秀者担任业务经理。

在企业发展的过程中，公司也加大了对研发的投入，引进高级人才，购入实验设备，成立专门从事中草药美容产品开发的科研机构。2009年，公司研发出的明星款产品——百草洗面泥在市场上大获好评，同时也建立起了雅美的良好形象。为此，企业高层决定成立品牌管理部。人力资源部门开始在社会上公开招聘管理者，其中品牌总监是通过社会招聘进入公司的。

近几年来，随着产品的增加和丰富，公司对于多品牌、多产品的运作策略、品牌形象设计要求越来越高。雅美管理层意识到未来市场竞争将是引领时尚能力、品牌打造与运营能力的较量。如果企业推行国际化，雅美必须向时尚化转型，进一步增强品牌打造与运营能力。因此，企业从2010年开始着力打造职业经理人队伍，倾向于具有国际化管理经验的人才，其中70%的管理人才是从外部引进的。但是，向国际市场进军的过程并没有起初想象的那样顺利。首先，企业大规模的人才引进引起了老员工的不满，造成员工工作积极性锐减；其次，外部引进人才对产品和企业文化的理解存在偏差，增加了产品推广的难度。

案例思考
1. 请指出雅美公司人才招聘和配置工作中的经验和不足。
2. 针对雅美公司人才招聘和配置工作中存在的问题，请提出改进方案。

四、练习题解析

【案例1】

1. 案例思考1

从案例可知，集团目前针对中层经理的招聘方法是面试和笔试。笔试主要考查的是应聘者的商业知识与经验，如"价格的构成因素是什么？""营业柜组的三项直接费用是什么？""订货合同应包含哪些内容？"等相关问题。这些知识与经验固然重要，但它们对于公司目前打算推行的文化和战略，并无多少关联。面试是可以测评应聘者部分素质的。但是，仅仅使用面试和笔试在效度和信度上显然是不够全面的。因为集团此次考评的目标应是应聘者的综合素质，包括他们的心理、道德、一般管理能力等；除了个别专门职位，如总会计师必须增加测试其财会专业知识与经验外,其余应聘者应着重测评其素质。

2. 案例思考2

根据现状,可采用"评价中心"技术对候选人的素质进行测评。建议对已经选出的84名求职者补测一次笔试,选择笔试中表现优秀者组织一次"无领导小组讨论"。具体做法如下:笔试试卷主要分为两部分,分别测试"素质与能力"以及"价值观与态度"。对于"素质与能力"的考查可以采用"案例分析",如为应聘者提供综合性案例。这一做法能测评应聘者解决一般问题的能力,从应聘者的回答中看出其分析问题的逻辑性、决策的合理性、思维的创造性及书面表达能力的强弱,进而评估他们管理知识的广度与潜质。此外,也可以采用布置综合性作业的方式,如请应聘者对本公司的周年庆活动制订出一项具体的计划,从而考查他们各自对一定的职能领域及全局统筹方面的兴趣、能力和经验。对于"价值观与态度"的测试较为不易,尤其是对诚实的态度,适宜在长期实践中考查,才能做出较有把握的判断。可以通过下面方法进行考查:对每一个价值维度都列出从"正面"逐步过渡到"反面"的四条陈述句,但并不是选出正确或错误的说法,而是要求应聘者对四种态度加以评论,这样能较深入地发掘应聘者的深层思想。笔试之后,在表现优秀者中进行"无领导小组讨论",即在不指定讨论主持人的情况下,让大家就一个主题各自发表意见,这样可以根据每个人的表现来判断他们的角色倾向,以及在若干既定考评维度,如主动性、逻辑性、独创性等方面的强弱。而且,"无领导小组讨论"是在封闭会议室进行的,可以将讨论过程录制下来,考评者可以反复观看录像,边观看边交流讨论,从而更好地对应聘者进行观察并做出判断。

【案例2】

1. 案例思考1

对比案例中前后两次招聘过程可以发现,导致第一次招聘失败的原因主要有以下两点。

第一,没有确定候选人的核心胜任素质。在进行招聘之前,负责招聘的人员首先应该明确企业需要什么样的人才,如对知识、技能、经验、能力的基本要求。除此之外,还应该知道胜任特定岗位所需的优先技能,只有这样才能从众多候选者中挑选出合适的人才。在第一次招聘中,恰恰是因为在确定优先技能方面出现了失误,才导致招聘失败。

第二,没有为新加入者提供必要的培训。为了让新入职的员工更好地融入新企业、胜任新岗位,入职培训是必不可少的。在这个过程中,新员工能够更深入地理解企业对其及相关工作的期望和要求,能够形成对企业的理解和认同。在第一次招聘中,由于企业与新员工都有些急于求成,在没有相互了解的前提下就采取行动,必然导致结果不理想。

2. 案例思考2

若想科学有效地选拔中高级管理人才,有以下几点建议:

首先,明确企业所需人才的职责和应该具备的素质。市场可以提供具备各种能力素质的人才，但是企业所需要的仅仅是适合企业的人才。因此，需要明确定义企业需要的目标人才。如何确定目标人才呢？这就需要根据岗位胜任素质建立相应的能力模型，确定对人才知识、技能、经验、能力及领导力等各方面的具体要求。值得注意的是，若想吸引和招聘理想的人才，还需要关注目标人才的关键需求和期望，同时结合企业自身的资源和特点，建立企业的独特价值主张。

其次，运用科学、有效的选拔方式。对于中高级管理人才的选拔，不仅要考查其拥有的知识、技能和经验，更要考查其具备的应变能力、分析解决问题的能力，以及个人成就、工作动机、合作意识等。如何才能全面地了解每位应聘者呢？这就需要运用多种方法。例如，可以利用情景模拟，测评应聘者的能力是否与实际工作需求吻合；也可以利用行为事件访谈法来搜集应聘者的胜任特征；还可以采用"无领导小组讨论"来观察每位应聘者的表现，进而判断其能否胜任相关岗位。

再次，人才招聘是企业人才管理的重要环节，招聘之后的培养也是让人才适应岗位、融入企业的重要环节。

最后，激励与留人机制的完善对人才管理而言也是不可或缺的。

【案例3】

1. 案例思考1

（1）雅美公司在人力资源招聘和配置工作中的经验

1）招聘方式充分考虑了企业内外部的环境变化。如1998年产品积压，内部生产员工多而销售人员少，造成企业效益受损。面对这种情况，雅美公司采取了内部招聘，在及时解决销售人才缺乏困境的同时也解决了生产员工过剩的问题；而且在人员富余的生产一线员工中招聘合适的员工充实到销售队伍中，既保证了销售人员对产品的熟悉性，同时也激发了员工的潜力。

2）在业务发展后，雅美公司采取了内外部招聘相结合的方式，不仅提拔优秀的、有潜力的员工，而且通过外部招聘引入新的活力。雅美公司的这些做法保证了现有人力资源的合理配置，不仅避免了人力资源的浪费，而且较好地激励了员工的工作积极性。

（2）雅美公司在人力资源招聘和配置工作中的不足。1998年，由于对人力资源需求的预测工作不到位，造成生产岗位人员过剩而销售岗位人员少的问题；在推行国际化的阶段，企业决定70%的管理人才由外部引进，这种做法会导致外部人才因不适应企业文化而管理效果不佳的情况，同时这种做法也会伤害企业原有员工的积极性，从而造成工作效率的下降。

2. 案例思考2

针对雅美公司人才招聘和配置工作中存在的问题，建议改进方案如下：

首先，根据企业发展战略制订人力资源配置计划，合理配置人才。企业目前仍以国内市场为主，所以仍需要以内部选拔或在社会上寻找相同背景的人才为主；同时，为了发展需要适度引进具有国际理念的人才。此时，内外部的招聘比例要及时调整。还要建立管理者的胜任素质模型，以胜任素质模型为导向来引进或配置符合企业发展需要的人才。

其次，完善企业内部晋升机制，做好内部人力资源的配置工作，并吸引外部合适人才的加盟。通过制定员工职业生涯规划、建立管理者清单等手段完善企业内部晋升机制，保证核心员工有职业的发展通道，稳定核心员工队伍。此举不仅能合理配置现有的人力资源，对企业外部的人才也有相当的吸引力。

再次，加强企业教育培训规划，通过培养来解决人才配置的难题。对于内部选拔的管理者，着重拓宽其管理思路、提升其管理能力；而对于外部引进的管理者，则着重培养其对企业文化的认识，促进人才与企业的文化融合。

最后，加强企业文化建设，提升人才与企业的匹配度。人力资源部门应主导企业文化建设工作，树立比较鲜明的企业价值观，以吸引合适的外部人才，同时也培养企业员工对企业的归属感，促使员工与企业共同发展。

第三单元

培训与开发

培训与开发

一、学习要求

本单元以培训与开发为主题,重点阐述了三部分内容:培训与开发概述、学习型组织的构建和职业生涯管理。战略性培训与开发将培训工作提升到了战略层面,围绕组织的战略进行培训开发,强调培训开发与组织的愿景、使命、价值观协调一致,强调根据战略要求对员工进行培训开发,以顺利实现组织的战略目标。战略性培训与开发具有高杠杆性,可以给组织带来更高的价值。学习型组织是以信息和知识为基础的组织,它实行目标管理,能够让成员自我学习、自我发展和自我控制,真正地实现创造性学习。职业生涯管理是帮助员工确定个人职业目标和提供职业素质增长机会的人力资源管理方法,做好职业生涯管理,可以将员工和企业结成利益共同体。

通过本单元的学习,学员能够了解战略性培训与开发的含义、不同发展战略下的培训与开发战略、实施战略性培训与开发的要点、战略性培训与开发对培训与开发人员的要求、学习型组织的概念与价值、学习型组织的特征、学习型组织的五项修炼、学习型组织建立的方法、学习型员工的概念与特征、学习型团队的概念与建立、职业生涯管理的内涵与特征、职业生涯规划与职业生涯管理的联系与区别、组织职业生涯管理程序、职业生涯管理的相关工具和措施。

二、职业技能鉴定考核要点

鉴定范围	鉴定点	重要程度
战略性培训与开发	战略性培训与开发的含义	5
	不同发展战略下的培训与开发战略	9
	培训与开发的战略选择	9
	员工战略性培训模型	9
	实施战略性培训与开发的要点	9
	战略性培训与开发对培训和开发人员的要求	5
人才梯队开发与建设	骨干员工的培训与开发	9
	管理人员的培训与开发	9
	企业接班人的培训与开发	9
	外派人员的培训与开发	5
学习型组织概述	学习型组织的概念与价值	9
	学习型组织的特征	9
	学习型组织的五项修炼	5

续表

鉴定范围	鉴定点	重要程度
学习型组织建立的方法	对学习型组织达成共识	5
	打造组织学习能力	5
	建立学习型组织	5
学习型员工	学习型员工概述	5
	学习型团队概述	5
	如何成为学习型员工	5
	培育学习型员工的成长环境	5
职业生涯管理概述	职业生涯管理的内涵	5
	职业生涯管理的特征	5
	职业生涯规划与职业生涯管理的联系与区别	5
	职业生涯管理与员工培训的关系	9
组织职业生涯管理	组织职业生涯管理程序	9
	职业生涯发展通道	9
	职业生涯管理的相关工具和措施	9
	不同职业生涯时期的职业管理任务	5

三、练习题

【案例1】

案例背景

20世纪80年代后期,英国最大的汽车制造厂商罗孚陷入了困境:每年亏损超过一亿美元,内部管理混乱,产品质量下降,劳资矛盾恶化,员工士气低落,前景一片黯淡。但是,现在的罗孚已经成为一家全球富有生命力的汽车制造厂商:产品供不应求,销售额连年攀升,员工满意度与生产率创历史新高。罗孚公司振兴的秘诀是什么呢?调查显示:从高层到一线员工一致认为,公司致力于成为"学习型组织"是其重振雄风的关键。同样,通用电气公司的总裁韦尔奇也表示,让每个人参与到学习型文化中去是提高生产率的关键所在。因此,在科技迅速发展、全面进入信息社会和知识经济时代的今天,管理者只有将企业建成学习型组织,才能在经济高速发展的竞争时代取得生存和可持续发展。

明辉公司是一家汽车行业的高新技术企业,创立于1997年,其目标是建立一个集生产、研发和销售为一体的、具有行业领导地位的优秀企业。经过初创期的快速扩张,明辉的管理层希望能够重塑企业文化,规范管理流程。其中一项重要决策就是向罗孚、通用电气公司等标杆企业学习,建立学习型组织。在新管理模式推行之前,明辉公司的状况如下:

公司建立初期，招募的员工大多数是著名高等院校刚毕业的大学生、研究生，以及经验丰富的工程技术人员和研发人员。公司高层认为，这些人素质高，可以自主完成工作，所以很少为其提供技术和管理培训。同时，员工一般采取单兵作战方式，相互之间交流甚少。在这种工作氛围中，公司员工中渐渐形成了一种普遍的心理现象，既担心把自己知道的告诉别人而失去自己的优势，同时又担心向别人请教会降低自己的身份和尊严。在公司发展初期，管理层普遍认为，公司应该是一个工作的场所而不是一个进修学校，员工应该在进入公司之前完成学业。于是，公司在1998年作出了《加强本职工作，避免分散精力》的规定，明确指出：员工在公司的唯一任务是完成本职业务工作，不应分散精力。而新员工进入公司的程序大致为：社会招聘→考核→面谈→进入工作。对于公司的运转状况和发展方向，高级管理层认为，只能由公司高层管理者参与决策，员工只是完成具体任务的人，没有必要知道公司战略层面的事情。对于经营过程中的一些重大事件，公司倾向于通过与个别相关人员探讨做出决定，而对员工是保密的。因为他们认为，让员工了解过多，会引起思想混乱或泄露商业机密。例如，公司生产线出现技术问题，就由负责生产的副总经理组织生产部门人员进行讨论，由生产副总经理做出相应的决策。

案例思考

1. 请根据学习型组织的特点，评价明辉公司当前的状况。
2. 请结合案例，分析明辉公司应该如何构建学习型组织。

【案例2】

案例背景

华宇公司是一家制造专业机床的国有企业，30多年来一直以生产一些技术含量不高的小吨位、标准型机床为主。客户主要是那些规模较小、专业性不强的中小企业，大多数客户对机床的精度和自动化程度要求不高，但对价格却非常敏感。正是因为这类机床在技术先进性和产品性能上差异不大，所以价格竞争成了行业竞争的主要形式。

今年，新的经营团队接手了华宇公司的管理。通过对行业发展趋势的判断和企业内部竞争优势的分析，新的经营团队决定进行竞争战略转型——将产品结构逐步调整为"以精密、快速、大型的非标产品为主"，将原来的"低成本战略"转型为"以技术领先和质量可靠为支撑的差异化竞争战略"。新的竞争战略已经确定，但是要想顺利地推行并取得良好的效果，健全完整和有效的培训体系是不可或缺的重要举措。华宇公司人力资源总监张平深知这一点的重要性。为了支持公司战略转型，他要求人力资源部门制定相应的人力资源职能战略，并在此基础上构建相应的培训体系。下面就是张平对公司当前人力资源状况做出的分析：

新的竞争战略确定后，原先使用的老旧设备更换成了新设备，这无疑对一线操作工人提出了新挑战：需重新了解新工艺、掌握新技能。虽然工人对操作驾轻就熟，但是高精度、定制化的设备生产对工人的技术能力提出了更高的要求，而目前一线员工的年龄以40

~50岁为主，大多数员工为大专以下学历，有一部分只是小学毕业。面对此次战略转型，很多员工表现出了不解和不满。同时，由于公司原来以生产标准机床为主，不需要进行新品研发之类的工作，所以没有相关的专业技术人员，而公司原来所谓的技术骨干，就是那些工作中比较认真、操作熟练、能解决生产过程中出现的小问题的员工。但是，现在情况不同了，公司要实行定制化生产，这就需要有一定的专业技术人员，专门从事产品研发工作，以便适应不同客户的需求，而这点是现有员工能力很难达到的。另外，公司原来的客户是一些中小企业，比较关注产品的价格。但是，现在公司要生产"以精密、快速、大型的非标产品为主"，原先那些以购进小吨位、标准型机床为主，对机床精度和自动化程度要求不高但对价钱比较敏感的客户就有可能流失。面对这种情况，公司必须开拓新的销售渠道、开发新的客户资源。同时，为了保证公司各项业务的顺利开展，除了专业技术人员、销售人员、一线员工外，还需要后勤管理人员以保证公司各项工作的良好运转。通过分析，张平制定了人力资源职能战略，将员工分为专业技术、市场营销、生产操作和后勤管理四类，并计划用三年的时间培育出适应企业新竞争战略的四支全新人才队伍。接下来，张平要做的工作是根据制定的人力资源职能战略构建相应的培训体系。

案例思考

1. 请简要说明华宇公司在战略转型前后采用的培训与开发战略有何不同。
2. 如果你是张平，你会如何构建培训体系来培养人才队伍？

【案例3】

案例背景

威达集团公司成立于1988年，以医疗器械和药品生产与销售为主业，并且从事房地产等产业。企业目前拥有员工2万多名，发展主要靠的是高附加值的产品优势。但是，企业内部人力资源管理却远远落后于企业的发展阶段，主要是以事务性活动为主的辅助性人事管理，与组织现状及未来的发展需求有着明显的差距。同时，无论是在医疗产业还是房地产产业中，威达集团公司内部的人力资源人数配比均低于同行业的平均水平。

2012年，集团公司从外部招聘了一名副总裁，分管人力资源、研发和投资。这位副总裁入职之后，发现集团管理基础弱，各类管理人员能力素质急需得到提升。于是，他要求人力资源部门经理从外部寻找生产、研发、销售、财务、人力资源管理五个系统的培训供应商，分别与之商谈培训合作计划，以实现对公司各系统管理人员"补课提升"的培训目标，即对同系统同类的管理人员进行同样的课程培训，以便在集团内部形成统一的管理思想。

人力资源部门经理与50多家培训机构进行联系和需求沟通后，了解了各培训供应商的优势资源，甄选了几家全球性的培训公司进行深度沟通，初步确定了5家分别能在生产、研发、销售、财务、人力资源管理方面提供系统全面培训课程的供应商，并基于集团的管理现状，共同制定出培训课程体系。培训课程体系包括班组长以上生产相关管理人员的生产培训课程体系、研发技术人员的研发培训课程体系、全国办事处主任以上人员的营销培训课程体系、非财务管理人员的财务培训体系、全体管理人员的人力资源管理培训课程体系。

分管副总裁于2012年年底在集团的管理年会上进行了专项宣布，并印发了各类课程征求意见。但是，公司的管理人员对大部分课程都未接触过，也提不出什么意见。于是，分管副总裁决定在集团层面为各产业集团、子公司搭建全面、系统、专业的培训共享平台，并从2013年1月起首先对生产管理人员进行轮训。集团公司规定：基层管理者每年要参加6天培训，中层管理者每年参加4天培训，高层管理者每年参加2天培训；集团公司提前发布培训开课计划，每班名额30人，报满开课；培训费用原则上由公司承担，遵循自愿报名原则，但是如果各产业集团、子公司已报名参加该培训却实际未去上课的，各类课程分别按人均的培训费用由相应公司承担。

截至2013年6月30日，集团公司累计完成60个班次超过1 874人次的培训，完成了产、销、研、财务上半年培训计划，超过了集团以往全年的培训总量。这些培训计划的实施，对企业各项工作顺利开展起到了一定的作用。但是，在培训组织中也发现了一些问题：高层管理人员参训率不高；培训内容与实际工作的结合需要进一步提高，未能学以致用；产业集团、子公司人力资源部门承担培训工作的人员全部是兼职，导致培训计划实施和管理工作滞后；负责培训的部门终日忙于开班、教材选择和编写、老师和学员接待等，不能有效进行培训体系的建立和完善工作；培训负责人反映参加培训的员工初始能力存在差距。所以，此次培训虽然取得了一定的成果，但是与公司花费的巨额培训费用相比，远未达到预期效果。

案例思考
1. 根据案例，你认为导致威达集团公司培训效果不佳的主要问题是什么？
2. 请指出有效培训规划的主要内容？

四、练习题解析

【案例1】

1. 案例思考1

一般而言，学习型组织应该具有以下特征：

（1）成员拥有一个共同的愿景。因为只有共同的愿景才能将不同个性的人们凝聚在一起，朝着共同的目标前进。但是，明辉公司的管理者恰恰忽略了这一点，他们不让员工了解公司运营和发展的情况，不让员工参与公司任何问题的决策，仅把员工当成完成任务的工具，这样的做法不会让员工产生与公司共同进退的想法。

（2）由多个创造性团队组成。在学习型组织中，团队是最基本的学习单位，因为团队智慧远远高于个人智慧。但是，明辉公司却以员工单兵作战方式为主，员工之间也少有交流,而且心存芥蒂,这在很大程度上阻碍了个人与公司的共同发展。

(3) 善于不断学习。这是学习型组织的本质特征。但是,对于目前的明辉公司来讲,在这方面做得不够好。公司管理层只是将公司看作工作的场所,不允许员工进行学习活动,这严重打击了员工的积极性,不利于员工技能的提升,进而也影响了组织的长远发展。

(4) "地方为主"的扁平式结构。学习型组织的结构是扁平的,尽最大可能将决策权向组织结构的下层移动,让最下层单位也拥有充分的自主权。但是,从案例中可以看出,明辉公司的下层单位没有决策权,决策权被紧紧地握在了少数的高层手中,这也妨碍了学习型组织的形成。

(5) 组织的边界将被重新界定。学习型组织尽可能推倒各式各样的隔墙,使部门之间、员工之间能更便捷、更顺畅地沟通与交流。但是,就明辉公司目前的情况来讲,内部交流比较困难,高层因为担心员工知道过多引起思想混乱或商业机密泄露而封锁沟通渠道的做法是不可取的。

2. 案例思考2

明辉公司要想构建学习型组织,可从以下几点入手:

首先,企业应打造学习型的文化和氛围。良好的学习氛围是构建学习型组织的基本要素。要想做到这一点,企业的管理者应该以身作则,起到表率的作用;同时应全力支持学习型文化这种价值观的推行。为了让员工也做到这一点,企业可以向员工宣传企业愿景,因为只有共同的愿景才能将不同个性的人们凝聚在一起,使他们朝着共同的目标前进。除此之外,组织还应设立相应的激励和约束机制,将其与考核和薪酬进行结合,进而推进学习型文化的建设。

其次,企业应根据实际情况,为员工提供合理、实用的培训。企业应通过各类培训为员工创造不断学习和交流的机会。例如,定期举行内部培训大会,与员工分析和共享公司的发展状况、项目知识、专业知识、管理知识等;在新员工入职后,为其提供企业文化、规章制度、专业知识的培训。此外,还要建立相应的考核机制,以保证学习效果。在这个过程中,管理者可以协助员工制订个人发展计划,在计划书中写明通过实践、教育和培训要实现的学习目标,这不仅有利于个人职业发展,而且有利于使员工能力更加符合公司的发展需要。

最后,企业应提倡"无边界行为"学习。一个运行高效、服务快捷的企业,其内部各部门之间相互了解和相互学习必不可少,了解和熟知各部门的职能和运转情况有利于部门间的相互理解与支持,有利于问题解决方案的提出。因此,企业需要建立学习共享系统,鼓励共同合作和团队学习,让部门之间、员工之间可以随时随地交流。同时,也应加强企业各层级的探讨与对话,力求做到在探讨过程中没有上下级界限,所有与会人员都可以畅所欲言地发表自己的意见。

【案例2】

1. 案例思考1

战略转型前，华宇公司生产的是技术含量较低、标准化的设备，客户对产品的精度要求不高，但对价格十分敏感。因此，这个阶段华宇公司的发展战略是成本领先型战略。它要求公司以更经济的方式工作，培训的主要目的是降低单位产出成本。在这种战略下，人力资源管理战略的重点在于使员工对企业的战略目标产生高度认同感，认识到成本压缩对他们的意义，对能够节省成本的行为给予激励。但值得注意的是，采取这种战略的企业往往较少强调员工发展。战略转型后，华宇公司将产品结构逐步调整为"以精密、快速、大型的非标产品为主"，将原来的"低成本战略"转型为"差异化竞争战略"。差异化竞争战略要求员工以创新的方式工作，由于创新的过程依赖于员工个体的专业能力和创造性，因此这一战略下的人力资源管理的重点在于提高员工技能和留住高技能员工。企业工作的重点在于：第一，加强培训，为员工提供提高现有技能的机会，提升员工的个人价值和企业的竞争力；第二，在时间、场所、资源等方面为有创新能力的员工提供足够的支持，使他们实现自己的价值；第三，给员工更大的自主权，由于创新类员工一般素质较高，因此可赋予其更多的自主处理权，充分调动员工积极性。

2. 案例思考2

根据案例中张平对当前人力资源的分析可以知道：员工对竞争战略转型存在异议，员工的专业知识有待增强，员工的实用技能尚需提高。针对这种情况，可以确立"塑造全新观念、传授专业知识、培育实用技术"的培训体系。首先，在转变员工观念的培训中，可以让公司的高层亲临讲台，为员工分析公司面临的外部竞争环境，讲解竞争战略转变的意义和目的，展望新战略实施后的前景，进而让员工主观接受战略调整，积极主动地配合相关工作的开展。其次，在专业知识传授方面，可以为不同员工提供"基础课＋专业课"的培训项目。针对公司缺少专业技术人才的情况，除了招聘外，公司还可以采取与专业水平较高的大学或科研院所合作的方式，聘请专业人士到企业讲课，参与技术攻关。而对于一线操作员工，可以先进行集体培训，然后对学得快的员工采用"师帮徒"的方式进行培训。对于销售人员和后勤管理人员的培训，可以利用内部讲师，规定"分管副总经理和部门经理必须成为所管理专业领域的合格培训师"。最后，在实用技术方面，鼓励员工在实践中运用新理论和新知识，对成功的创新行为根据贡献大小给予不同程度的奖励。

【案例3】

1. 案例思考1

在开展培训的过程中，威达集团公司存在如下问题：

第一，培训需求不明确。虽然集团公司事前已印发课程征求意见，但由于大家对大部分课程都未接触过，也没提出什么建议。培训需求的不明确直接导致培训效果的不理想。

第二，培训内容缺少针对性。培训课程的内容是根据集团公司的管理现状选定的，其目标是对同系统同类的管理人员进行同样的课程培训。虽然课程全面、系统,但是缺少针对性,无法满足不同学习者的学习需求。

第三,培训计划不合理。培训时间安排不合理,由于培训时间较少(6 天/年、4 天/年、2 天/年),受训者将无法很好地掌握、应用所学的知识,不仅难以达到培训效果,而且也不利于调动学习者的积极性。

第四,培训体系不完善。培训部人员缺少,终日忙于琐事而无法建立起企业内部的培训机制,无法形成持续有效的培训体系,始终依赖外部资源,也导致了培训效果的不理想。

第五,培训效果评估体制不健全。要想取得培训效果,需要有一套健全的评估机制。通过评估,不仅可以促使员工参与培训、了解员工的培训效果,而且可以明确培训过程中应该改善的地方。

2. 案例思考2

有效培训规划主要包括以下内容:

第一,培训项目的确定。首先,在培训需求分析的基础上,列出各种培训需求的优先顺序,根据企业的资源状况优先满足那些排在前面的需求。其次,明确培训的目标群体及规模,考虑他们在企业中的作用、目前的工作状况和知识、技能、态度。最后,确定培训目标群体的培训目标,要考虑到个体的差异性和培训的互动性,并对培训预期达到的效果进行明确和清晰的描述。

第二,培训内容的开发。培训内容的开发要坚持"满足需求、突出重点、立足当前、讲求实用、考虑长远、提升素质"的基本原则。

第三,实施过程的设计。首先,要充分考虑实施过程的各个环节和阶段,合理安排培训进度。其次,要把培训内容以问题或能力为中心分解成多个学习单元,按照各个单元之间的相互关系和难易程度确定讲授顺序、详细程度,确定以什么方式培训更能达到效果。最后,要全面分析培训环境,培训环境应尽量与实际工作环境相一致,以保证培训效果在具体工作中能够得到很好的应用。

第四,评估手段的选择。例如,如何考核培训的总体效果,如何进行中间效果的评估,如何评估培训结束时受训者的个人学习效果,如何考查受训者在工作中运用培训效果的情况。

第五,培训体系的建立。规模较大的企业有必要建立内部培训机制,如导师制、教练制等。这有利于企业根据自身情况制订培训计划,而不是出了问题就找外部资源。

第六,培训资源的筹备。培训需要的资源包括人、财、物、时间、空间、信息等。资源分析实际上也是可行性分析。以此确定培训能否开展,以及是采取企业内部培训、外部委托培训,还是与外部机构进行合作培训。

第七,培训成本的预算。培训规划需要得到高层管理者的批准,而高层管理者除了关心规划是否完善可行外,更关注培训的成本效益分析。因此,进行成本预算是得到高层管理者批准的必须环节,同时也是培训实施过程中各项支出的一个参考。

第四单元

绩效管理

一、学习要求

本单元以绩效管理为主题,重点阐述了两部分内容:绩效管理体系的战略性推进、战略绩效管理运作系统。战略管理和绩效管理是现代企业管理的重要组成部分,将绩效管理与战略相联系,是近年来企业管理的显著特点。战略是对未来结果的一种期望,这种期望要依靠组织所有成员,按照一定逻辑相关性和绩效要求的导向,通过发挥员工的创造性和努力来实现。因此,战略管理和绩效管理是密切联系的。只有在绩效管理的支持下才能将战略转化成企业的经营目标,战略管理才能真正落到实处。而且,只有在战略的指导下,绩效管理才能正确地监督、评价、激励员工,真正起到导向作用。

通过本单元的学习,学员能够了解绩效考核与企业经营战略的关系、绩效考核与企业竞争战略的关系、绩效考核与企业发展战略的关系、绩效考核与企业经营职能战略的关系、绩效管理诊断的实施、企业绩效激励机制运用、战略绩效管理运作系统的内容、战略规划与修正流程设计、绩效管理流程、战略绩效管理指标系统、制定战略绩效管理制度的目的与原则、战略绩效管理制度的主要内容。

二、职业技能鉴定考核要点

鉴定范围	鉴定点	重要程度
绩效考核与企业战略	绩效考核与企业经营战略	9
	绩效考核与企业竞争战略	9
	绩效考核与企业发展战略	9
	绩效考核与企业经营职能战略	9
绩效管理系统的诊断	绩效计划诊断的相关概念	5
	绩效管理诊断的实施	9
企业绩效激励机制运用	绩效考核与激励机制	9
	员工参与绩效计划设计的激励效应	9
	确保激励机制良好运行的绩效考核方法	9
	正确利用考核结果来激励员工	9
战略绩效管理运作系统设计流程	战略绩效管理运作系统的内容	9
	战略规划与修正流程设计	9
	绩效管理流程	9
战略绩效管理指标系统	战略绩效管理的指标	9
	各项指标的数据处理	5
制定战略绩效管理制度	制定战略绩效管理制度的目的与原则	5
	战略绩效管理制度的主要内容	5

三、练习题

【案例1】

案例背景

思凯达公司是一家集生产、销售、研发于一体的电子有限公司，现有员工3 000余人。公司于2010年年初开始启动绩效管理计划。为了强化管理的科学性，确保公司战略目标的实现，高层管理者决定采用平衡计分卡的绩效管理体系，从公司战略目标出发，进行层层分解，将绩效指标分解和下达到每一位员工。为了使绩效管理体系科学、健康地落实，公司决定每季度进行一次绩效追踪，每半年进行一次半年度初评，年终对员工进行年度绩效评估。为了调动员工的工作积极性，实现绩效管理的目的，公司不仅对绩效优秀的员工进行物质奖励，将奖金与绩效挂钩，还对绩效优秀的员工进行相应的精神奖励，如授予荣誉称号、记入光荣榜等；而对于绩效考核不合格的员工也采取了相应的惩罚措施。

快到年末了，按照工作计划安排，周五之前各部门主管需要向人力资源部门提交年度员工的绩效考核结果。王力是思凯达公司生产部的主管，周四下班之前他终于费尽心思地完成了对下属的绩效考核并将考核表格送到了人力资源部门，并且对人力资源部门绩效管理的主管讲解了他考核下属的理由。

王力说："在此次考核中，绩效考核结果分为五个等级，即优秀、良好、一般、及格和不及格。从总体情况来看，所有的下属基本上都完成了本职工作，除了小刘和小张外，其他员工还完成了额外工作。但是考虑到小刘和小张是刚入职的新员工，能够完成既定的工作量就已经很好了，所以对于所有下属的工作量这一项都给了'优秀'。对于老王，我对他的印象不是很好，因为他曾经对我做出的一个决定表示过不同的意见，所以'合作态度'这一项，我给他的评价是'一般'，其他各项最高的评价也就是'良好'。"

王力说："老张的家庭比较困难，考虑到这方面的因素，我给他的评价都有意提高了，能给优秀就给优秀，这样他就能拿到更多的绩效工资。"

王力还说："小王虽然完成了我给她布置的工作，但是完成的质量却不高，按照要求也就是刚刚及格，但是她还是一个年轻人，绩效成绩太低了面子上也过不去，所以就将她评为了'一般'！"

最后，王力总结了他给下属考核的动机："员工的绩效考核结果都集中在了'优秀'、'良好'和'一般'，没有'及格'和'不及格'。这样的结果就不会让员工因为绩效考核成绩过低而感到不满了。而且，员工的绩效成绩好，也说明了我的工作做得好。"

案例思考

1. 根据案例，你如何评价生产部主管王力对下属的绩效考核方式？
2. 关于如何保证企业绩效考核结果的有效性，请提出你的建议。

【案例 2】

案例背景

元达外贸公司成立于 2010 年，主要从事稀有金属的销售业务。林军 2012 年大学毕业后应聘到公司做外贸业务员。由于公司还处于起步阶段，所以没有详细的职位说明书，虽然公司总经理亲自向他进行了工作职责介绍，也安排他参加了关于公司产品的相关培训，但是林军知道，要想真正走上"正道"，还需要自己慢慢摸索。经过一段时间的适应，林军意识到要想在以销售业绩为导向的公司获得尊重，就必须不断提升销售额。为了更有效地激励员工，公司采用了工作计划管理的方法对员工进行绩效评价。年初，公司为每一位员工确定一个年度销售目标，然后根据销售目标完成情况计算员工的绩效工资等级：全部完成年销售目标，提成为 1%；完成销售目标的 60%，提成为 0.8%；超额完成任务，提成为 1.2%；完成销售目标不到 60%，则无销售提成，只能获得基本工资。销售员工的基本工资第一个月为 3 000 元，第二个月为 2 500 元，第三个月为 2 000 元，第四月为 1 500 元，第五个月之后为 800 元。

绩效考核标准实行后，公司每个季度都会对员工的销售业绩进行评价，其目的有两个：一是了解员工的工作情况；二是为新员工提供业务上的指导和帮助。由于是新员工，2012 年下半年公司给林军下达的销售额是 80 万元。与大多数新员工一样，林军开始工作的前两个月只拿到了基本工资。眼看快到年底了，让林军感到无奈的是自己只完成了 58% 的销售目标，照这种情况自己只能拿 800 元的底薪了。然而，让林军感到欣慰的是：公司也会给没有完成销售总额 60% 的员工发放 5 000 元的年终奖作为鼓励。公司的年终奖励让林军有了留在公司的勇气，他总结了这半年的经验教训，想在新的一年再拼一次。2013 年，公司给林军制定的全年销售目标为 200 万元。由于市场对稀有金属的需求增大，林军顺利完成了 200 万元的销售目标。但是，公司以一笔销售款并未按时到账为由，认为他并未百分之百完成销售任务。另外，在实际的奖金发放过程中，公司并没有按照年初规定的办法进行发放，而是将提成的 1/3 以福利的形式发放给了员工。这种做法引起了很多员工的不满。为此，林军向公司人力资源部门提出意见，在没有改变结果的情况下，他向当地劳动仲裁部门提出仲裁，希望能拿回公司扣下的奖金，但双方并未达成一致意见。林军继而又向法院提起了诉讼，但是在开庭前一周，公司人力资源总监向林军表示愿意协商解决。经过考虑，林军撤销了对公司的起诉，同时提出了辞职；而且一同辞职离开公司的还有另外 7 名员工。

案例思考

1. 根据案例，分析元达外贸公司所处的发展阶段及绩效考核的办法，指出存在的主要问题。
2. 如果你是公司的人力资源总监，你会如何设计公司的绩效管理体系？

【案例3】

案例背景

佳诺股份有限公司是一家集服装生产、加工和出口为一体的服装外贸企业，自成立以来，各项业务快速成长。目前，佳诺股份有限公司正处于成长阶段：在市场上取得成功、人员迅速增加、组织不断扩大、经营管理的复杂性和难度日益增加。公司现设六个部门以及两个服装加工厂，共有管理人员98人、工厂工人1 000余人。在这一关键时刻，公司既拥有前所未有的发展机遇和经营实力，又面临着更加激烈的市场竞争和经营风险。例如，公司内部管理出现了诸多问题，尤其是员工的绩效管理考核工作效果差、满意度低，难以有效支持人力资源管理及业务工作。

公司成立之初只有二三十人，员工的考核全凭公司领导的观察和印象。每年年底，各部门会根据员工完成的业务量和公司领导对其看法来发放奖金、调整工作。由于当时人少，彼此清楚工作状况，领导考核总体偏差不大，因此这种绩效管理方法在公司持续了一段时间。

随着公司规模的扩大，绩效管理问题引发了不少人为矛盾。于是，人力资源部门借鉴了若干优秀企业的绩效管理考核制度，运用一套比较实用的绩效考核指标和表格，制定出"佳诺股份有限公司绩效考核办法"。这套办法将员工分为管理人员和一般人员两类进行考核，由直接上级、同级、下级、被考核者和公司客户全方位打分后，加权计算总分得出卓越、优秀、良好、合格、不合格五个等级的考核结果。这套办法推行后，反映最为强烈的问题是：在看似系统的绩效考核指标和表格中，评价两类人员的考核内容与标准十分模糊，缺乏区分度；各类考核者的主观随意性大，人际关系和人为印象含量高；考核结果为卓越或优秀者占到员工总数的60%。由于该绩效考核系统无法准确评价员工的实际工作状况，许多人认为这种绩效考核不过是在"走过场"而已。

后来，为了彻底解决考核问题，公司决定花钱借用"外脑"设计一套先进的绩效管理考核系统。公司聘请管理专家设计了一套以"平衡计分卡"思想和关键绩效指标为核心的绩效管理考核系统，这套考核系统有着严密的指标体系和操作流程。然而该体系一经实施，各种难题纷纷出现：员工普遍反映新绩效管理考核体系难以理解，关键绩效指标与实际工作脱节、操作烦琐，平衡计分卡中的非财务指标无法测量，公司基础管理制度无法为考核提供基础数据，考核与其他管理制度脱节。

案例思考

1. 请分析佳诺股份有限公司三个阶段的绩效考核工作产生困境的症结和成因。
2. 如果你是佳诺股份有限公司的人力资源总监，你会提出怎样的解决措施？

四、练习题解析

【案例1】

1. 案例思考1

根据案例,生产部主管王力在对员工进行绩效考核的过程中主要存在以下问题。

(1)没有建立科学、客观、统一的考核标准。首先,生产部主管绩效考核的指标不明确、主观性强。例如,对于没有完成额外任务的员工,王力认为他们是新入职的员工,完成任务有一定的难度,所以给了"优秀"。其次,考核指标不科学。例如,对于老王"合作态度"的评价,王力仅仅因为老王发表过不同的意见就将这一项评定为"一般",是不公平的,进而丧失了考核的有效性,影响了考核结果的客观性、真实性和准确性。

(2)考核者的主观因素产生的问题。在考核的过程中,考核者总会存在一些心理干扰,进而影响考核结果,如晕轮效应、偏松或偏紧倾向、近因效应、偏见效应等。晕轮效应是指考核者对某一方面绩效的评价影响了其他方面绩效的评价,通常表现为"一好百好"或"一无是处"。例如,在绩效考核过程中,王力因为对老王的印象不是很好,所以最好的绩效成绩只是"良好"。同时,王力的考核过程也存在偏松的倾向,员工的考核结果集中于"优秀""良好"和"一般",没有"及格"与"不及格"。另外,对于家庭条件困难、好面子的员工也存在一定的偏向,觉得能帮就帮。

总之,王力的这种绩效考核方式违背了绩效考核应该遵循的公平、公正原则,在很大程度上影响了绩效考核结果的有效性,不仅影响了员工的积极性,而且也不利于公司绩效管理制度的实施。

2. 案例思考2

要想保证绩效考核结果的有效性,建议从以下几个方面入手。

(1)确定切实可行的绩效考核指标。一方面要做到绩效考核指标是具体的、可衡量的,另一方面要做到员工对指标具有较强的控制力,也就是说员工能通过自身的努力去控制绩效考核指标的完成。

(2)培养合格的考评者。考评者是保证绩效管理有效运行和工作质量的主体,作为一名合格的绩效考评者应该具备以下能力:较高的评估能力——能合理评价被考评者的技能和绩效,使被考评者心服口服;较高的判断力和决策能力——能够迅速理解并把握复杂事物,发现关键问题,找出解决办法;较强的计划和执行能力——能够按照计划严格执行,并确保在每个细节上减少差错。

(3)保证绩效考核的公平公正性。首先,在绩效考核过程中要做好记录,只记录实际发生的事情,不要将自己的主观理解混入到客观事实里面;其次,鼓励员工自我评估,这既体现了对员工的尊重,又提高了员工对考核结果的认可度;最后,建立员工申诉系统,为被考评者提供一个发表意见的通道。

(4)尽量避免绩效考核中可能出现的误差,如哈罗效应、近期效应等。哈罗效应是指在考评中，考评者凭主观印象而产生的误差，有的考评者特别看重某种特征，当被考核者具有这一特征时，就会推断其各方面都是优秀的。近期效应是指考评者根据下属最近的绩效信息，对其做出总体评价。

【案例 2】

1. 案例思考 1

根据案例，可以知道公司处于初创期。本阶段公司的管理还不完善，绩效考核应以工作计划管理为主。工作计划管理是指根据工作计划和预期结果，对照工作实际达到的效果对工作绩效进行评估的方法。通过工作计划管理可以对员工的主要工作任务，岗位工作质量、效率及效果进行有效的监督、管理和评价，进而促进员工工作绩效的提高，达到提高企业工作的管理效率和效果，保证重点计划目标的实现，同时为建立以绩效为导向的激励机制提供基础支持的目的。元达外贸公司在以工作计划管理为主的情况下，采取了绩效工资和实际销售目标达成直接挂钩的考核方法。但是，公司在实际执行过程中，过度强调定量考核，忽视员工沟通和员工利益。同时，公司还违反规定将奖金发放形式改变为福利的形式，引起员工争议。

2. 案例思考 2

若想绩效管理体系有效，应该做到以下几点。

第一，培养员工统一的绩效管理意识，形成管理标准化和规范化的理念。对初创期企业而言，其员工队伍构成或者是"杂牌军模式"，或者是"菜鸟模式"，又或者是两种模式的结合。但是，无论哪种模式，企业面临的状况都是这些员工对绩效管理的认识五花八门，甚至有些人的认识是错误的，因此统一和纠正这部分员工的认识是一项重要的工作。对于管理标准化和规范化，公司可以通过完善和细化员工手册，明确规定哪些行为是企业不允许的，并将手册的执行情况纳入到员工的考核指标中。

第二，与员工细致沟通，及时培训和宣传。如前所述，员工对绩效管理会有不同的认知，甚至会有偏差，因此与员工进行细致沟通、仔细讲解就成了纠偏工作的关键。所以，相关规定陈述应尽量做到专业化，避免阅读者产生误解。同时，对于作为绩效管理的主要组织者和推动者的绩效管理专员，在保证其"知其然"的同时也应该"知其所以然"，以确保在推行绩效管理的时候能做到为各部门的人员答疑解惑。

第三，掌握好定量指标和定性指标之间的比例。在绩效指标的制定过程中，一个常见的误区就是苛求指标量化，实际上这在操作过程中是难以实现的，而且完全定量也不一定可以保证考核结果的绝对客观、合理。因此，指标量化与否应参考工作性质、岗位性质和指标性质而定，不可过度追求量化。

【案例3】

1. 案例思考1

佳诺股份有限公司三个阶段的绩效考核工作产生困境的症结和成因包括以下几点。

第一，公司成立之初的绩效管理考核工作是一种基于主观判断的"粗放经验型"考核模式，这种考核模式一般缺乏正规考核制度和客观考核标准，容易受经验、信息不对称、主观判断影响，会使绩效考核陷入低效或失效。

第二，公司在第二阶段实施的绩效考核办法基本上是借鉴其他企业的考核模式。特定企业的员工绩效考核体系、办法、指标设计和实施有其个性，必须与本企业的性质、背景、条件、人员等相适应，必须实事求是地反映企业的目标、任务和工作特点。所以，绩效考核办法不结合企业实际，即使借鉴再好的考核方案与指标体系，也难以使企业考核脱离低效能或失效的困境。

第三，公司在第三阶段的绩效考核是一种基于先进理论方法和外部专家经验的"理性外脑型"考核模式，这种模式是目前一些企业对考核系统升级换代的常用做法。这种模式最大的优点是：可以超越于本企业的人才和知识局限，超脱于组织内部的人事与利益纠纷，快速接轨先进的考评理论、方法和经验，开发设计出比较科学、系统、先进的绩效考核系统。使用这种模式的常见问题是：缺少企业内外部人员的结合、沟通，过分依赖外部专家。由于外部专家对企业缺乏深入系统了解，设计的考核系统容易脱离实际，与其他管理制度不配套，实施成本过高。

总而言之，佳诺股份有限公司的三种绩效管理考核模式成效低下的共同症结在于：在构建和运行不同的绩效管理考核体系过程中，都未能妥善解决考核环节的"失真"问题，因而无法保证绩效考核的有效性。

2. 案例思考2

基于绩效考核的体系和流程而言，任何组织要想摆脱绩效考核管理困境，保障绩效考核体系的有效性，在考核系统的构建和运行中始终都要保持考核关键环节的真实性、客观性。佳诺股份有限公司若想摆脱困境，可以从以下几点入手。

第一，构建核心员工的胜任力素质模型。随着公司的发展壮大，有必要建立核心员工的胜任力素质模型，为企业招聘、绩效指标设定、薪酬结构调整、培训与开发等工作打下基础，同时可明确绩效改进的目标与方向，有效引导员工的工作行为，提高工作效率。

第二，完善绩效管理体系。在公司管理层的支持下，建立科学、完善的绩效管理体系，并加强对各部门主管进行绩效管理的培训与指导。在绩效考核过程中还要注重加强绩效考核工作的宣传、引导、培训和与部门负责人的沟通，及时了解情况，帮助和督促各部门做好绩效考评工作，从而提升企业的整体管理水平。

第三，制定绩效考核标准。从职位分析、任务目标管理制度、工作流程出发制定可衡量、有时间限制的绩效考核标准。

第四，选择绩效考核工具。正确选择考核工具，顺利得到全面的数据，准确测量员工工作目标的完成情况，为绩效考核提供有效的依据。

第五，做好绩效面谈。绩效面谈有助于评估员工的绩效，能够帮助员工正确认识自己的绩效；绩效面谈可以保证绩效考核的公开、公正，可以促使管理者认真对待绩效考核工作，而不是仅凭个人判断来进行考核；绩效面谈时，可以共同制定下一阶段的绩效目标。

第五单元

薪酬福利管理

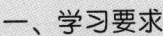

薪酬福利管理

一、学习要求

本单元以薪酬管理为主题，重点阐述了两部分内容：薪酬战略、战略性薪酬体系。随着经营环境竞争的日益加剧，薪酬管理早已不再只是人力资源管理的一个末端环节，它直接关系到企业的经营战略本身。因此，企业将越来越多的注意力放在加强薪酬战略与组织战略目标之间的联系上。在我国企业的改革中，薪酬设计和薪酬制度改革一直是焦点：从奖金制度到后来的承包制和租赁制，再到后来的岗位技能工资制、谈判工资制，其中包括员工持股等，这些改革常常是老的问题没有解决，新的问题又产生了，员工满意度得不到改善。那究竟是什么导致了上述问题？这些问题又该如何解决呢？

通过本单元的学习，学员能够了解薪酬战略的定位、薪酬战略的特征、薪酬战略的内容、企业发展战略对薪酬管理的影响、企业生命周期各阶段薪酬战略的特征、传统薪酬的特点及弊端、全面薪酬战略的构成、薪酬福利的新趋势、年薪制的概念和模式、年薪制的作用和不足、股权激励的原理、股权激励的方式、群体薪酬的含义、群体激励计划的不足、群体薪酬的基本类型。

二、职业技能鉴定考核要点

鉴定范围	鉴定点	重要程度
战略性薪酬管理概述	薪酬战略的定位	9
	薪酬战略的特征	9
	薪酬战略的内容	9
战略性薪酬与组织战略	战略性薪酬与企业战略的匹配	9
	战略性薪酬与组织发展阶段的匹配	9
全面薪酬战略及薪酬福利制度新趋势	传统薪酬的特点及其存在的问题	9
	全面薪酬战略的含义	5
	全面薪酬战略的构成	9
	薪酬福利制度的新趋势	9
年薪制	年薪制的概念	5
	年薪制的模式	9
	年薪的兑现方式	9
	年薪制实施的基本条件	9
	年薪制的作用和存在的问题	9
股权激励	股权激励的原理	5
	股权激励的方式	9
	我国企业股权激励的现状	5

续表

鉴定范围	鉴定点	重要程度
群体薪酬	群体薪酬的含义	5
	群体激励计划的不足	5
	群体薪酬的基本类型	9

三、练习题

【案例1】

案例背景

天盛公司是一家主要从事微电子产品销售的上市公司。随着市场的发展，行业竞争不断加剧。公司为了提升自身竞争力，进行了组织结构调整——推行扁平化管理，将原有的管理层级从5级降为3级。公司自成立以来，一直实行岗位技能等级工资制，员工薪酬水平的增长以管理层级的上升为前提，而不是以业绩考核为依据。这种情况造成了某些优秀的技术人员、基层管理人员、研发人员对公司的贡献虽然大于某些中层经理，但由于无法得到管理层级的晋升而难以实现薪酬水平的增长。而现行的扁平化结构改革减少了中层经理管理岗位，也就意味着进一步加大了靠晋升而提高薪酬水平的难度。这也使得部分毕业生在公司工作两年，有了工作经验或者掌握核心技术之后便选择离开公司。如果这种现象一直持续下去，必将造成人才梯队断裂、核心技术流失，从而造成公司市场占有额的下降。

人力资源部门的调查数据表明：公司各岗位员工的薪酬水平普遍处于市场较高水平。既然如此，为什么员工还要选择离开呢？这也是公司总经理一直思考的问题。总经理通过与人力资源部门主管交流发现：员工之所以选择离开公司，主要是因为公司没有对员工实行长期激励，没有将员工与公司的利益相互联系在一起。经过思考，总经理决定在公司实行员工持股计划，借此增加员工对组织管理的参与度，以便留住更多的优秀人才。于是，在没有进行任何调查与咨询的情形下，总经理便命令有关部门草拟了员工持股的策划书，并快速在公司推行。

由于近两年公司发展态势良好，股票价格持续上升，公司上下陶醉在成功的喜悦中。而公司总经理也暗叹自己决策的英明。公司全员持股计划被员工广为传颂，愿意加盟天盛公司的人越来越多，这种情形暂时掩盖了由公司扁平化结构和薪酬体系所带来的隐患。

面对公司取得的成功，总经理有些沾沾自喜，开始逐渐疏于对公司的管理；公司的部分高管也出现了懈怠心理；有些基层员工也变得懒散起来，经常迟到早退。部分勤奋肯干的员工看到自己辛勤的付出得不到及时的肯定，而那些懒散的员工也拿着与自己同样的报酬，心中觉得很不平衡，于是也开始效仿起来。此时，新老员工的矛盾日益突显出来：新员工能力较强却没有股份，而且处处被老员工压制着，意见非常大；老员工则认为，新员

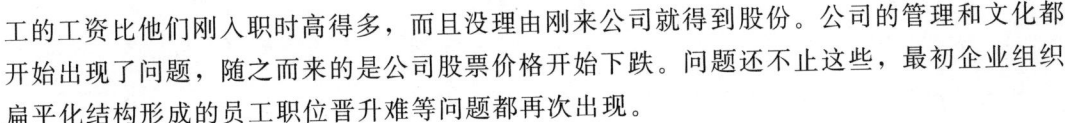

工的工资比他们刚入职时高得多,而且没理由刚来公司就得到股份。公司的管理和文化都开始出现了问题,随之而来的是公司股票价格开始下跌。问题还不止这些,最初企业组织扁平化结构形成的员工职位晋升难等问题都再次出现。

案例思考

1. 本案例中,你认为是什么原因导致了天盛公司员工持股计划的失败?
2. 针对天盛公司的情况,你会如何设计拥有长期激励作用的薪酬体系?

【案例2】

案例背景

漫森公司是一家从事快速消费品行业的公司,主要业务包括产品的研发、生产和销售。目前,公司处于快速发展时期,面临着市场竞争的巨大压力,公司重视每一个业务环节的员工,尤其是终端的销售人员。公司发展的速度比较快,近年来一直通过对外招聘销售人员来满足公司的需求。但是,最近许多员工反映工作压力较大,无法在工作与生活当中维持平衡。为了进一步了解问题,公司人力资源部门以销售人员为对象进行了全面调研,最终发现是公司的薪酬组合出现了问题,总结出来主要有以下几点。

1. 薪酬体系结构比例失调

公司为销售人员设置的薪酬体系是一种以短期绩效为主的高浮动的薪酬体系。企业管理者认为,销售人员的最重要任务就是在短期内使公司的销售额达到最大化,尽可能获得高的市场份额。因此,在销售人员的薪酬设计上,公司采用固定工资加业务提成,而且固定工资比较低,提成比较高。公司想通过增加提成的比例来提高销售人员的销售业绩。如此一来,业绩好的员工可以得到上万元月收入,业绩差的员工收入只有几千元,进而使内部销售员工薪酬差距非常大,产生激励的作用。

2. 激励薪酬形式单一

销售人员对福利部分的不满较多,纷纷表示公司福利支出太少,许多人甚至不认为自己的薪酬中包含有福利的部分。造成这一现象的主要原因是公司专注于一种薪酬形式(现金)激励员工。但是,公司部分员工对非现金形式薪酬福利的偏好大于现金形式。面对这种情况,现金薪酬发挥的作用就不如其他形式了。同时,大部分刚工作不久的员工抱怨公司对他们的培训过于简单,他们表示已经通过自学掌握了相关知识,公司的培训存在一定的滞后性,根本无法满足他们实际工作中的需要。

3. 团队激励未受重视

公司销售员工的收入很大部分来自个人的业绩。在低固定工资加高提成奖金的薪酬制度下,销售人员所要做好的就是使个人的销售额得到大幅度提升,而不论他所在团队的表现如何,所以公司里的"个人英雄主义"现象盛行。实质上,这样一种做法很容易导致整个销售团队成员之间的工作冲突,最终的结果是影响整个公司销售目标的达成。

面对这种情形,为了能够最大限度地激励员工,公司决定针对销售人员的薪酬实施改革。

案例思考

1. 请分析漫森公司所处的发展阶段,指出其应该采用的薪酬战略。
2. 如果你是公司人力资源总监,你会如何解决目前面临的问题?

【案例 3】

案例背景

东方公司是一家汽车制造企业,目前已经形成四大生产区域(汽车一厂、汽车二厂、汽车三厂和发动机厂)以及一个技术中心的格局。自中国加入 WTO(World Trade Organization,世界贸易组织)以来,国外汽车巨头纷纷涌入中国市场,原有的市场竞争格局被打破。东方公司面临着从产品研发到市场营销各个方面变革的压力。处于变革期的东方公司,一方面作为大型企业,冗员过多;另一方面,竞争对手不断增加,对手实力日益增强。因此,东方公司急需一批懂经营、善管理,了解国际汽车市场的高级专业人才来提升企业竞争力,研发并制造出符合消费者需求的车型。

但是,东方公司的人力资源管理体系对其发展的支撑已渐显乏力,就拿其薪酬体系来说,主要问题表现为如下几个方面。

1. 薪酬体系没有明确的战略导向,不能给予公司总体发展战略有力的支持。公司的战略是差异化战略,走高端市场之路,需要大量高素质的人才,但公司没有考虑给予战略性的人员以市场领先型的薪酬定位。

2. 薪酬水平的外部竞争力差。公司薪酬水平处于市场中下游水平,造成近年来公司的员工流失,特别是优秀的基层人员招不进来也留不住,导致公司后备力量不足。

3. 薪酬结构缺乏内部公平性。虽然公司有岗位技能等级表,也有岗位说明书和工作分析,但是在岗位等级划分和薪酬确定时没有一套科学分析评价依据,岗位设置、等级划分、薪酬制定缺乏科学性。

4. 薪酬体系对员工缺乏激励作用。公司基本薪酬和奖金分类定级差别太小,核心人才、中层部门经理以上的员工与一般员工没有有效地拉开差距,违背了薪酬的公平性原则,所以无法起到积极的激励作用。公司在面对行业竞争、核心人才流失等方面显得束手无策。

面对上述情况,东方公司高层决定进行薪酬体系和制度变革,希望通过增强薪酬的外部竞争力和内部公平性从而保留、吸引优秀人才。公司人力资源部门赵经理经过思考,初步形成了公司薪酬体系和制度的变革方案,并打算在下周的公司会议上进行讨论。

案例思考

1. 如果你是赵经理,你会如何针对东方公司的现状制定科学有效的薪酬体系?
2. 东方公司在薪酬体系制定的过程中,需要考虑哪些因素?

四、练习题解析

【案例1】

1. 案例思考1

员工持股计划是股权激励实现方式之一,它能够使员工以股东的身份参与企业决策、分享利润、承担风险,进而使其勤勉尽责地为公司的长期发展服务。案例中天盛公司员工持股计划失败的主要原因有以下几点。

首先,缺乏合理分析。真正合理的股权激励政策应该根据上市公司的自身特点、发展阶段、所处行业、未来发展目标等情况,进行个性化的股权激励方案设计。但是,天盛公司却没有做到这一点,公司为了留住人才,在没有任何调查和研究的前提下,便实行了员工持股计划。即使在开始阶段暂时消除了员工由于晋升难造成的薪酬无法提高的不满,但是仍旧没有解决问题的本质。

其次,缺乏持续管理。由于公司发展势头良好,员工持股计划一经推出便获得了良好的效果,不仅解决了优秀员工流失的问题,同时还为公司吸引了不少人才的加入。但是,面对这种情况,公司的管理层并没有再接再厉地完善股权激励方案,而是好大喜功,从而导致了多种问题,最终导员工持股计划失败,原有问题重新出现。

2. 案例思考2

公司若想吸引优秀人才,不一定采取股权激励方式,因为我国的股权激励办法起步较晚,目前仍处于探索阶段,而且在实施的过程中,稍有不慎就会引起一些不必要的麻烦。根据案例可知:造成优秀人才流失的主要原因是组织层级扁平化、晋升职位少,进而导致了薪酬增长难以实现。面对这种问题,建议采取下列办法。

(1) 工资按级别设置。虽然公司推行扁平化管理,但是可以为每个层级设置不同的级别。例如,中层及中层以上的管理者,由低到高分为 A、B、C、D 级别;中层以下的从高到低分成若干级,每个相邻的工资级差都保持在一定的合理范围内,即级别越低相邻级别之间差距越小,级别越高相邻级别之间差距越大。同时,在同一工资级别内,也要设置 0%~100% 的弹性幅度,这样即使员工没有获得职位晋升,也会因为技能的不断增长而获得更高的薪酬水平。这种工资逐步增长的做法,可以激励员工更好地工作;同时也解决了由于平行岗位与能力相互有差异,而不能及时调整薪酬水平的不公平现象。

(2) 累计贡献奖。累计贡献奖与工作级别和工作年限挂钩。如员工干满一年,公司就在他们的个人账户中根据工作级别积累一次累计贡献奖;第二年继续积累第二个累计贡献奖,并以此类推。也就是说累计时间越长,累计的贡献奖就越多。这样,在面临其他公司职位诱惑时,那些想离职的员工就会权衡利弊。

【案例2】

1. 案例思考1

根据案例可知，漫森公司目前处于快速成长期，这一时期的特点是产品的销量猛增，市场占有率大幅度提高，企业及其产品具有一定的品牌知名度。为了适应这一阶段的特点，在薪酬方面企业要做到以下几点。

第一，建立以职位为基础的薪酬体系。随着公司规模不断扩大，公司开始重视规章制度的建设，主要业务流程及组织结构日趋稳定，公司逐渐进入规范化管理阶段。因此，建立以职位为基础的薪酬体系在客观上成为可能。

第二，强调薪酬的外部竞争性。在此阶段，一方面新的职位不断出现，另一方面公司对高素质人才的依赖性更加明显。公司对优秀人才，特别是对科研、高级管理、市场营销、财务、金融人才的需求量都大大增加。为了获取优秀人才，特别是高级优秀人才，薪酬外部竞争性显得格外重要。

第三，强调长期激励的重要性。由于市场销售形势好，资金流速加快，公司可能出现净资金流入的现象，现金存量较为宽裕。这时，公司一方面可以开始适当提高基本工资和福利；另一方面，公司应鼓励团队贡献，并按照团队绩效发放部分绩效奖金。

2. 案例思考2

根据漫森公司所处的发展阶段，建议从以下几个方面解决目前面临的问题。

（1）设定新的薪酬组合。在公司中，每位员工的情况是不同的，有些员工思想比较保守，而有些员工比较喜欢冒险。面对这种情况，公司最好形成不同的薪酬组合，如稳定型、中立型和风险型组合，让员工自由挑选，以便挖掘每位员工的潜力。同时，由于薪酬组合形式是员工自己选择的，那么面对薪酬的差异，员工将不会再抱怨公司的不公平。

（2）用关键绩效指标考核销售人员业绩。由于在销售人员的薪酬设计上采用了固定工资加业务提成的做法，很容易造成销售人员的短期行为，即片面追求短期的销售额。因此，公司可以运用绩效考核的方法，把企业的长远发展目标纳入到销售队伍的薪酬设计上来，从而把企业的长远目标和销售团队建设结合起来。

（3）建立销售团队奖。一个优秀的企业应该鼓励整个销售团队合作创造业绩，而不是只依靠某个人创造业绩。所以，为了防止出现为使个人利益最大化而不顾团队利益的现象，应该建立销售团队奖。可以根据团队不同的要求给予奖励，可以是现金奖励，也可以是休假、旅游等奖励。只有这样才能鼓励团队成员合作，从而为公司创造更大的效益。

【案例3】

1. 案例思考1

东方公司处于企业发展的变革时期，制定科学有效的薪酬体系应该做到以下几点。

（1）通过薪酬满意度调查，了解员工对薪酬的期望。通过内部调查了解员工对薪酬福利水平、薪酬结构、薪酬调整、薪酬发放等的看法和意见。

（2）通过薪酬市场调查，确定公司员工的薪酬水平。通过外部调查，了解市场薪酬水平及动态，尤其是同行业其他公司的薪酬水平，从而检查和分析本公司各岗位薪酬水平的合理性及其市场竞争力。

（3）通过岗位测评，评估岗位相对价值。根据岗位相对价值和对公司的贡献度，划分出职位等级，确定各岗位之间的相对工资率和工资等级，使各岗位之间的相对价值得到公平体现。

（4）合理设计工资结构，确保薪酬横向公平。各类员工薪酬之间的横向公平可以通过采用多样化（多轨制）的工资体系实现，即不同类别的员工采用不同的工资体系。各工资体系的薪酬水平可以重叠，这样既能防止员工盲目地横向比较，又让员工看到薪酬的晋升空间。另外，公司还可以设置较宽的薪酬幅度。

（5）建立完善的绩效考核体系，保证薪酬公平。绩效考核针对的是员工的业绩，对人不对岗。建立科学、完善的绩效考核体系，对员工的实际贡献进行客观评估，并将考核业绩与绩效薪酬紧密挂钩。

（6）通过设置特殊奖金等意外性收入，提升薪酬满意度。规律性的薪酬和奖金发放会大大降低薪酬的刺激与激励作用。因此，可以通过"绩效工资"让员工薪酬产生较大浮动，或将年终一次性发放的奖金化整为零多次发放，都能达到良好的效果。

2．案例思考 2

公司要想制定科学有效的薪酬体系，要充分考虑企业战略，加强对人才的吸引、留用和鼓励，应该考虑以下因素。

（1）企业外部因素。社会整体的消费水平及收入水平、行业特点及外部竞争力，都是影响薪酬体系制定的重要因素。企业对于技术中心员工的知识及技术要求较高，关键技术竞争力要求相对较强，薪酬水平要高于市场平均水平，而一般操作岗位薪酬水平在外部竞争力方面保持相对一致性即可。

（2）企业内部因素。这一关键因素由以下几个方面决定：企业经营发展阶段及经营发展状况；企业文化特点；内部分配机制的要求；员工结构及多层次需求；岗位价值评定。

（3）薪酬的激励效果因素。总体而言，薪酬体系的设计需要充分考虑外部的竞争性及内部的分配公平性，同时还要考虑薪酬的激励效果。一个相对科学、富有竞争性并与企业实际状况相符的薪酬体系，可以达到两个层面的效果：一方面为员工提供富有竞争力且公平合理的报酬，充分体现员工的市场价值，吸引并留住人才；另一方面满足员工多层次的需求，从而达到激励员工的目的。

第六单元

劳动关系管理

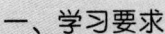

劳动关系管理

一、学习要求

本单元以劳动关系为主题,重点阐述了三部分内容:全球化与人力资源管理、重大突发事件的管理、营造和谐劳动关系。全球化使人力资源管理所要面对的环境趋于复杂,并且通常需要在国外环境中进行,这就促使企业从全球化视角确立人力资源管理战略。在工作的过程中,员工会尽力争取合理的工资、工时、劳动安全及其他与自身利益密切相关的事项,进而引发员工与企业之间利益冲突的问题。此时,人力资源部门的相关人员应该从实际问题着手,与员工进行及时、友好沟通,帮助其解决困难,进而促进劳动关系和谐,增加企业绩效。

通过本单元的学习,学员能够了解全球化对人力资源管理的影响、国际人力资源管理中存在的问题、国际人才引进和国内人才外派的注意事项、跨文化人力资源管理的要点、员工关系问题的内容与原因、重大突发事件的预防、社会责任体系的建设、员工援助的实施、提高员工敬业度的四大驱动力。

二、职业技能鉴定考核要点

鉴定范围	鉴定点	重要程度
全球化与人力资源管理国际化	全球化的含义	5
	全球化对人力资源管理的影响	5
国际人力资源管理	国际人力资源管理中存在的问题	5
	国际人才的引进	5
	国内人才的外派	5
跨文化人力资源管理	跨文化人力资源管理的含义	5
	跨文化识别和整合	5
	跨文化人力资源管理的促进	5
员工关系管理和重大突发事件	员工关系和重大突发事件概述	5
	员工关系和重大突发事件的预防	5
	员工关系和重大突发事件的处理对策	5
企业社会责任	企业社会责任概述	5
	社会责任体系建设	9
	社会责任报告	5
企业重组中的员工援助	员工援助的概念	5
	员工援助的实施	5

续表

鉴定范围	鉴定点	重要程度
营造和谐劳动关系	建立企业和员工的信任关系	5
	倡导企业授权管理，增加员工的成就感	5
	提高员工敬业度	9

三、练习题

【案例1】

案例背景

星辰酒店是星辰集团公司旗下的酒店，地处上海市繁华的市中心。酒店以其独特的大堂设计、宽敞舒适的客房、豪华齐全的娱乐设施、温馨优质的服务吸引着各方人士。然而，随着近几年酒店服务业的迅速发展，行业竞争日益激烈。尤其是金融危机时期，酒店的业务也随之进入了低迷期，进而出现了员工冗余现象。为了扭转局面，酒店和集团公司的管理者想了很多对策，进行了一系列变革，但酒店业绩仍没有起色。在经过一段时间的尝试但没有取得良好效果的情况下，集团公司做出了裁员的决策，并且和集团工会协商了裁员补偿金的约定，并向集团公司所在地的劳动行政部门进行了备案。

星辰酒店人力资源部门负责人接到裁员的通知后，便召集各部门经理前来开会，向他们传达了高层管理者的决策，并要求各部门经理尽快确定裁员名单，以便将这项工作尽早完成。在各部门将裁员名单交上来之后，人力资源部门立即进行相关的准备工作。与此同时，在核算经济补偿金的过程中，为了降低裁员成本，星辰酒店并没有按照集团公司和工会之前协商的标准进行补偿（因为集团公司规定的补偿要高于政府规定的标准），也没有再次和工会进行沟通。酒店只是按照当地政府规定的标准进行了补偿。裁员名单一公布，便引起了被裁员工的质疑，令人力资源部门的同事们更想不到的是，在被裁员工中竟还有一位怀孕6个月的准妈妈。这不禁让酒店陷入进退两难的境地。

在这次裁员的过程中，各部门经理简单地通知被裁员工离职，让人力资源部门被动的情况不断出现。有些部门经理觉得有些老员工倚老卖老，工作的热情和投入度远没有新员工高，而且又不好管理，于是将为酒店服务多年的老员工请进了被裁名单。由于人力资源部门没有对裁员名单进行及时核查，所以在核算经济补偿金的时候发现：由于这部分人在酒店工作年限超过十五年，距离法定退休年龄不足五年，协商解除劳动合同需要支付的经济补偿金远远超过了前期预算。而这些老员工在拿到应得的补偿金后，便到其他地方另谋出路去了。而事情并没有到此为止，很多没有被裁的老员工看到这些被裁的老员工拿着大笔的经济补偿金离开酒店，心中既害怕又羡慕。他们害怕的是不知道自己什么时候会被列入被裁名单，羡慕的是被裁员工不但拿到了酒店的补偿金，而且在外面找到了比现在待遇好的工作。因此，很多老员工不再像原来那样努力工作了，希望酒店也把自己列入裁员名单。面对这种情形，酒店的人力资源部门经理陷入了深深的思考。

案例思考

1. 根据案例,你认为星辰酒店在裁员的过程中,酒店领导和人力资源部门的工作犯了哪些错误?
2. 你认为企业如何才能保证裁员过程的合法和顺利?

【案例2】

案例背景

百斯特公司是一家为客户提供商业分析软件与服务的公司,公司的管理者曾经说过:"虽然我们和所有的企业一样重视我们的客户,但我们的员工是第一位的。"公司的管理者认为,如果公司善待员工,那么员工必然善待客户。同时,公司意识到,随着职场竞争的日益激烈,必将给员工带来较大的工作压力,进而引发焦虑、抑郁、失眠等心理健康问题。为了避免这类问题的出现,公司决定全面实施员工援助计划,其重点在于解决员工心理问题,进而促进和谐劳动关系、增加企业绩效。经过公司高层商讨,员工援助计划的实行交由人力资源部门负责。

接到公司任务后,人力资源部门主管便开始行动起来了。经过小组讨论,人力资源部门觉得心理干预是实施员工援助计划的重中之重,于是人力资源部门主管决定引进西方国家的先进经验,要求部门人员学习心理咨询的方法,并在企业内开展心理咨询活动。大家为了完成任务,想了很多办法,找来了五花八门的方法吸引员工,其中包括所谓的各种心理测试、性格分析。就这样,心理咨询活动轰轰烈烈地开展了半个月,慢慢地就被人淡忘了。实施员工援助计划的工作让人力资源部门主管感到失望。

刘淼在公司客服部已经工作 5 年了,虽然工作业绩不是特别突出,但是她日常的工作态度还是比较积极的。但是,在今年年初,由于公司做了一些战略调整,公司的内部架构也随之出现一些调整。在这次调整过程中,客服部门的经理被换掉了。新领导上任后,刘淼的行为有了明显的变化:工作态度日渐消极,对待客户的态度也大不如从前,甚至受到了客户投诉。为此,新领导私下里找了她好多次,询问她是不是在工作中遇到了什么问题,或是家里出现了什么意外情况等。但是每次谈话,刘淼都表示没有遇到问题,自己以后会注意的。几次谈话的效果并不好。于是,新任经理把问题反映到了人力资源部门,要求人力资源部门运用员工援助计划提供支持。但是,当人力资源部门主管与刘淼沟通的时候,刘淼却含蓄地表示对新领导没有任何不满,并且委婉地谢绝了人力资源部门提供的任何心理援助。私下里,刘淼和公司内一位好友坦诚地说,向新领导提意见,会不利于自己在公司的生存。

面对员工援助计划实施过程中的种种问题,人力资源部门经理不禁陷入了深深的思考。

案例思考

1. 根据案例,分析人力资源部门在员工援助计划实施过程中遇到了哪些问题?原因是什么?

2. 你认为如何才能有效地实施员工援助计划?

【案例 3】

案例背景

万宇公司是一家主要从事订单加工的企业。企业的生产经常会随着外部客户需求的变化而变化,生产从大批量单品种转为少批量多品种,订单随着销售变化增加或减少等。这些变化造成企业在生产过程中的用工量波动较大,由此造成企业在用人方面的困难,这些表现主要体现在以下几个方面。

1. 员工基数既要能满足企业基本生产需要,又要能面对不同产品和工作的需求,对员工的要求越来越高,培训周期和成本增加。

2. 生产旺季时,人员加班多、疲劳度大、劳动效率降低、招聘工作强度增加,人力成本增加显著。

3. 生产淡季时,就会出现生产人员工时不足的情况。由于企业采用计件制薪酬,生产淡季员工收入降低,离职增加。这样又增加了下次生产旺季时人员招聘的强度和成本。

面对这些问题,在企业管理层的支持下,人力资源部门打破了原来的工作习惯,进入生产一线,和生产部门、技术部门一起对所有岗位进行调查分析。经过一周的调查分析,人力资源部门发现生产过程中拆箱、送料、封箱、搬运等岗位,对人员的要求不高,几乎没有技术能力要求,一名新员工通常只要经过半小时的学习就能上手操作,这部分人员占整个生产人员的30%左右。在调研基础上,人力资源部门对公司岗位进行了重新定义,将简单岗位定义为"操作岗位";将有一定技术要求的岗位定义为"技术岗位";将有较高技术要求的岗位定义为"关键技术岗位"。在对岗位定义完成后,人力资源部门对各岗位采用了不同的用工和管理方式。其中,对于"操作岗位"和部分"技术岗位",公司使用劳务派遣的用工形式。瑞特人力服务公司是为万宇公司提供劳务派遣服务的合作商。2012年8月,由于生产需要,万宇公司向瑞特公司提出需要劳务派遣人员50名。按照要求,瑞特公司一周后向万宇公司派遣劳务人员50人,徐立就是其中之一。

入职时,公司人力资源部门负责人告知他工作岗位实行全年综合工时制度。2014年6月,因市场订单不足公司缩减了生产班次,徐立所在的班组被安排转到该公司另外一个生产单元从事相同岗位的工作。除徐立外,班组的其他员工都接受了公司的调整,转到了另外一个生产单元。徐立不愿意接受这样的工作岗位安排,因此部门主管就主动找徐立进行了多次沟通,并要求他三天后到岗,否则就退回派遣公司。面对这种情形,徐立还是以新生产单元工作地相距住地比较远为由当场就拒绝了。2014年6月12日,部门主管开出了退工通知,人力资源部门也出具了退回派遣公司的证明,并与派遣公司办理了退回的手续。2014年7月,瑞特公司的部门主管电话通知徐立来结算领取费用,但徐立一直未领取。

直到 2014 年 9 月份，徐立以公司违法解除劳动合同及未及时发放工资奖金为由，向劳动仲裁部门提起仲裁申请，要求公司支付 6 月、7 月、8 月三个月的工资、拖欠的加班费及违约解除劳动合同的经济赔偿。

案例思考

1. 请问公司与徐立之间属于违法解除劳动合同吗？为什么？
2. 根据案例，请简要说明劳务派遣用工的利弊。

四、练习题解析

【案例1】

1. 案例思考1

根据案例可以看出，在裁员的过程中酒店领导和人力资源部门犯了以下几个错误。

首先，人力资源部门没有对各部门提交上来的裁员名单进行详细核查。在裁员的过程中，核查裁员名单是否遵循国家法律和地方法规规定是一项重要的工作，因为我国《劳动合同法》中明确规定了裁员过程中不能涉及的特殊人群，如在孕期、生产期和哺乳期的妇女。同时，在企业工作十五年且距离法定退休年限不足五年的员工，公司只能和其协商解除合同。公司对这些员工不仅要支付大笔的经济补偿金，并且会产生不必要的争议。

其次，裁员补偿金的核算违反了集团公司和工会集体协商的相关约定。如果公司规定的补偿标准高于政府规定的标准，在核算的过程中应该按照高标准进行计算。同时，补偿金的核算不能低于政府规定的标准。

再次，人力资源部门没有对从事裁员工作的相关人员进行培训。为了保证裁员的顺利进行，人力资源部门应该对从事裁员工作的经理或主管进行培训，向其清楚说明此次裁员的目的、裁员的程序、与被裁人员面谈的技巧，以及突发状况处理的技巧。

最后，人力资源部门没有做好裁员后继续留任员工的心理疏导工作。裁员工作影响的不仅是被裁的员工，同时也会对留任员工产生影响。为了让他们对裁员工作有正确的认识，人力资源部门应该对其进行心理疏导，让他们了解企业裁员的目的，以及企业今后的发展方向，以便让他们能够安心、踏实地工作。

2. 案例思考2

若想保证企业裁员过程合法、顺利、平稳、安全，建议做好以下几项工作。

（1）做出裁员决策。在做出裁员决策之前，需要明确裁员的理由和目的，同时与企业内部的相关部门和外部的政府机构达成共识。在这个过程中，企业要充分利用已公开的有利于说明裁员原因的新闻报道和公司文件中的信息，编制企业用于对内和对外口径一致的裁员理由报告，分别报送相应的人力资源和社会保障行政管理部门和工会，以达到与内部相关部门和外部机构协商一致的目的。

（2）确定裁员名单。在做出裁员的决策之后，各部门经理需要根据企业裁员的目的，同时依据政府劳动法规和企业人力资源管理规章制度，快速、准确、合理地确定裁员对象，编制名单，并提供相应的考评意见和实施建议。所列人员的情况要经过核实，在没有违反政府和企业有关规定的条件下，再呈送人力资源部门批准。对名单中涉及的特殊利益人群，要从企业长远和根本利益出发，予以平衡。

（3）核算裁员经济补偿金。根据《劳动合同法》、劳动合同、企业人事管理手册中的有关裁员规定的补偿条款，核算被裁者的经济补偿金。若企业约定高于政府"法定标准"则按就高原则处理。在任何情况下，企业的核算结果不能低于政府的法定标准。

（4）准备裁员协议书。企业和员工沟通前，要准备好裁员协议书范本，其内容包括裁员理由、正式离开公司日期、经济补偿金（包括工资和福利补贴）的金额和发放程序、社会保障转移手续、劳动关系终止手续、工作交接安排、公司财物返还、仲裁和诉讼条款。

（5）对实施裁员工作的人员进行培训。为了保证裁员工作顺利进行，企业人力资源部门要对所有直接面对被裁员工的直接经理或人事主管进行专题培训，内容包括企业裁员的目的和法律依据、裁员工作计划和操作步骤、裁员沟通策略和技能、经济补偿金的核算标准、裁员过程中特殊情况的处理方法、裁员产生争议的仲裁及诉讼程序。

【案例2】

1. 案例思考1

根据案例可以知道，百斯特公司的人力资源部门在实施员工援助计划的过程中遇到了两个问题。

第一，进行心理援助的方式受到了质疑，心理援助没有针对性。对于中国员工来讲，他们不会主动与人沟通心理问题，因为很多人觉得心理有问题就是神经病。而百斯特公司人力资源部门工作人员在没有结合公司现状、人员素质、心理诉求的情况下，一味地照搬西方国家所谓的先进模式，必然会导致其无法真正满足员工的需求，进而无法获得员工的信任。

第二，员工对公司援助计划缺乏认同感。在人力资源部门主管向员工刘淼提供援助的时候，刘淼却委婉地拒绝了。引起这一现象的主要原因是员工对人力资源部门及公司援助计划缺乏认同感。之所以会这样，是因为公司在实施员工援助计划之初，相关的沟通与宣传工作没有做好。中国的很多员工都有一个特点，就是不愿意主动向人倾诉压力或遇到的问题，案例中的刘淼就是这样。因为员工怕自己在倾诉了对领导的不满后，会不利于自己在公司的生存。面对这种情况，员工肯定会选择说"我对领导没有意见"，或者保持沉默。

2. 案例思考2

制订合理的员工援助计划，是建设和谐企业文化和凝聚团队的重要工作，可以从三个方面入手：一是要获得员工认可；二是建立有效的员工援助计划；三是制订有效和实用的心理援助计划。

首先，员工援助计划必须获得员工的认可。要想让员工认可计划，必须先让员工详细了解计划。在这个过程中,企业可以采用讲座、海报等宣传手段,让员工对企业的员工援助计划有初步的印象和认识。在这个过程中,要宣传"解决员工问题"的思想,强调企业的目的是全面帮助员工解决个人问题,明确该计划给每个员工带来的益处。同时,还要做好员工援助计划内容的介绍,包括压力管理、职业心理健康、职业生涯发展等。

其次,有效的员工援助计划包括员工福利和员工关怀两个方面。员工福利包括生日补贴、节假补贴、商业保险、高温补贴、旅游补贴、带薪病假及事假等福利假期、住房保障、交通和通信津贴等。员工关怀更加具体、柔和。例如,可以在公司准备一个小药箱,储备润喉糖、感冒药、消炎药、创可贴、清凉油等常备药,方便员工在需要时使用。又如,在员工生日的当月,除了发放生日补贴外,还可以组织当月过生日的员工参加集体生日会,让员工感到企业关怀之外,也可以接触平时不太熟悉的同事,增强员工的集体凝聚力。

最后,在制订有效和实用的心理援助计划时,应先做好心理危机干预部门的建设,相关人员必须是专业人员,有条件的企业可以寻求外部心理专家支持,同时明确心理援助内容和方法。例如,对于心态调整、职业规划疑惑等问题采用培训的方式来做效果更好;对于职业发展瓶颈类的问题、绩效调整的心理援助等,最好采用拓展训练的方式;针对工作压力的问题,则可以在适当的工作时间,在办公室内放一些轻音乐等。但是,要记住的一点是:心理援助的实施应该在轻松的环境中进行,同时对员工反映的情况和提出的意见要严格保密。

【案例3】

1. 案例思考1

根据《劳动合同法》第四十条规定,公司安排新的岗位给徐立,属于合理的工作安排,该公司的行为没有过错,因此不存在违法退回派遣公司的事实。同时,该公司执行全年综合工时制,所以加班工资的结算集中到来年1月进行。当然,徐立于2014年6月12日离职,公司应当与徐立及时结清加班工资,如果结算了,就不存在拖欠工资的问题。

2. 案例思考2

(1) 劳务派遣用工的有利方面

1) 满足大量用工需求,减少招聘时间。劳务派遣为用工单位提供"随时需要随时派遣"的服务,避免了人才紧缺或人才过剩而导致的招聘、培训、清退等问题。用工单位只需向劳务派遣单位支付一定的派遣费用就可以使用所需要的人才。而当企业不需要用人时,也可以将派遣人员退回劳务派遣公司,避免因直接建立劳动关系而带来的法律后果。

2) 减少劳动合同、社会保险、档案管理等事务性的工作,降低管理成本。劳务派遣公司直接与劳动者签订劳动合同,承担社会保险、档案管理等事务性工作,尤其是短期用工或者周期性用工的岗位,用人单位可以减少签订和解除劳动合同、社会保险和档案管理方面的工作量。

3）避免处理劳动争议。在劳务派遣过程中，用工单位与劳务派遣公司之间通过签订劳务派遣协议的形式确立双方的民事法律关系。而劳务派遣公司与被派遣人员之间签订的是劳动合同，双方是一种劳动关系，因此所产生的劳动争议都由劳务派遣公司来解决，用工单位就避免了直接与被派遣人员的劳动争议，减少了解决劳动争议的麻烦。

（2）劳务派遣的弊端。通过劳务派遣可以解决灵活用工的问题，但根据公司的实际情况，也存在很多弊端，主要表现在以下几点。

1）根据公司实际情况，只能增加一部分派遣员工，派遣员工的计酬方式与公司现行的计酬方式不一致，会给管理带来一定的难度。根据《劳动法》和《劳动合同法》规定，企业用工需同工同酬，如果处理不当，易引发劳动纠纷，严重的会导致现有老员工大量流失。

2）派遣员工与双方均有劳动关系，用工单位无法完全规避劳动风险。如果劳务派遣公司违规，如公司将劳动报酬、社会保险费等所有费用全部打包支付给了劳务派遣公司，但是劳务派遣公司却拖欠或者克扣被派遣劳动者的劳动报酬或者不缴纳社会保险费，就会给用工单位带来连带赔偿责任。这样不仅不能规避法律责任，而且存在代劳务派遣公司承担责任和承担责任以后无法追回损失的风险。

3）劳动者对企业的忠诚度降低，不利于实现企业的长期发展目标。被派遣的劳动者与用工单位之间没有隶属关系，只是短期服务，不同的用工单位对他们来说只是不同的工作地点而已，这些被派遣的劳动者没有归属感和认同感，更谈不上对企业的忠诚度。

4）《劳动争议调解仲裁法》第二十二条第二款规定，劳务派遣单位或者用工单位与劳动者发生劳动争议的，劳务派遣单位和用工单位为共同当事人。被派遣劳动者不管和哪一方发生争议，用工单位均需应诉，可能还要承担赔偿责任。

第七单元

综合案例

一、学习要求

人力资源是社会各项资源中最重要的资源,是对企业生存和发展产生重大影响的资源,历来受国内外的著名企业、专家学者及成功人士重视。人力资源管理主要分为六大模块,分别为人力资源规划、招聘与配置、培训与开发、绩效管理、薪酬福利管理及劳动关系管理。其中,人力资源规划是人力资源管理的起点,主要通过规划帮助组织预测未来的人员需求数量及基本素质构成;招聘与配置是在人力资源规划指导下,解决人员甄选和人岗匹配的问题;培训与开发是根据企业发展要求培育和提升人才能力;绩效管理旨在帮助员工朝正确的方向和用正确的方法做好工作,解决组织目标达成的问题;薪酬福利管理旨在激励人,解决企业留人的问题;最后,劳动关系管理旨在管理人,帮助企业形成合理化人力资源配置的良性循环。

虽然人力资源管理各大模块的工作各有侧重点,但是各模块之间是紧密联系的,就像生物链一样,任何一个环节的缺失都会影响整个系统的平衡。所以,人力资源管理工作是一个有机的整体,各个环节的工作必须到位,同时要根据不同的情况不断地调整工作的重点,才能保证人力资源管理在人力资源"选、用、育、留"过程中形成良性循环,并支持企业战略目标的最终实现。

二、综合案例题

【案例1】

案例背景

恒发集团是一家民营光伏能源原材料和辅料生产企业,成立于2001年,总部设在上海。集团拥有三家分厂,分别位于上海、无锡和郑州。经过十余年的发展,员工总人数从最初10人扩大到了3 000多人。2013年,集团年营业额达到了20亿元人民币;同年,由于业绩突出,公司被评选为业内增长最快的民营企业并受到了表彰。随着集团的发展壮大,董事长兼总经理张总对人力资源工作越来越重视,同时也对集团当前的人力资源状况越来越不满意。下图显示的是集团目前的人力资源部门结构。

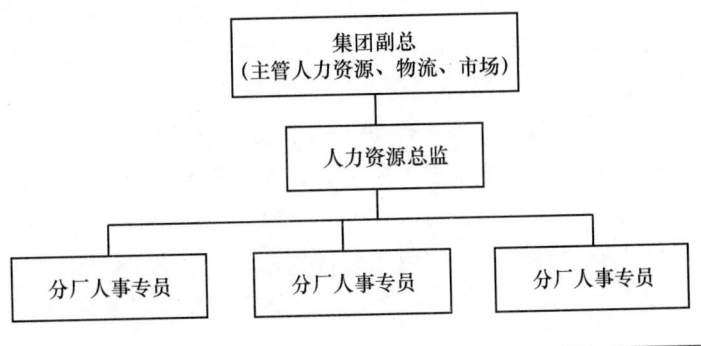

其中，集团副总由董事长的弟弟担任，管理集团人力资源、物流和市场三个部门。人力资源总监在过去两年换了三任，最新的这一位有十年以上民营企业人力资源管理经验，三名人事专员在各自的工厂里负责常规工作，如招聘管理、员工培训、考勤管理、薪酬计算、劳动关系管理等工作。

张总认为集团的人力资源部门应该像国际知名外资企业一样，在集团中发挥重要的作用，提供全面的人力资源战略和运营的解决方案，只有这样才能保证恒发集团未来五年的发展得到足够的人力资源支持。目前，集团人力资源存在的问题主要表现在以下四个方面。

1. 集团的业务模式是依托大型光伏能源生产基地建立的，无锡和郑州的工厂都是通过并购当地小厂整合和发展起来的。因此，集团人力资源存在的问题包括：两地的员工素质有差异；管理班子存在"技术强、管理弱"的问题；集团总部与分厂之间的企业文化有脱节现象，人心也不齐；员工劳动纪律松懈。

2. 由于光伏能源生产受季节因素的影响，集团所需要的员工人数和季节工人数之间的差距能达到一倍以上。根据国家颁布的劳务派遣用工法律法规，人力资源部门必须拿出一个既符合国家法律法规要求又适应集团业务模式的可行方案，解决企业用工问题。

3. 人力资源总监更换的频率较高，原因是他们的专业水平虽然尚可，但是审视和适应战略的能力不够，不能为集团战略布局起到咨询和业务伙伴的作用。但是，要招聘更加具有战略思维的人力资源总监，又难以平衡同级总监的薪酬水平。

4. 光伏能源产业的辅助生产商很多，恒发集团虽然在业务上发展很快，但是集团制度建设和雇主品牌建设一直没有特别提上议事日程，所以在人才招聘和留任方面遇到很多挑战，优秀人才难找，招来了又难以留住。

案例思考

1. 请指出恒发集团在人力资源管理方面存在的主要问题。
2. 针对人力资源管理方面存在的问题，请提出相应的人力资源对策。

【案例2】

案例背景

蓝蔻集团是以生产和销售洗发水、沐浴露等日用消费品为主的中外合资企业。最近，公司高级产品部经理递交了辞职信，而且去意已决。经一家专业猎头公司推荐，李子轩加入了集团公司，担任公司高级产品部经理。李子轩毕业于知名大学化工专业，研究生学历，曾在一家世界五百强企业担任项目经理。入职后，李子轩勤于钻研业务，业绩良好，英语流利，所以深得外籍总经理的器重。公司分管业务的中方副总经理也屡次在企业中层经理会议上对李子轩大加赞扬，并表示这是人力资源部门招聘到的最好人才。

但是，在李子轩入职后的短短三周内，其部门的7名下属却对他产生了强烈的反感，大家还给他起了个绰号叫"极品"。有些员工甚至直接找人力资源部门表达对李子轩的不满。根据他们的叙述,可以将李子轩的言行归为以下几点。

1. 要求大家每天早晨上班时都要跟他说"早上好"。
2. 要求大家对外发送的邮件,必须得到他的同意才可以发送出去。
3. 要求大家加入部门的QQ群,而且必须响应他提出的问题或发出的指令。
4. 十分小气、自私,参加部门组织的集体活动时从来不出钱。
5. 对总经理的话言听计从。
6. 工作中追求细节,甚至有些吹毛求疵。
7. 完全否定了部门之前的工作,认为自己是整个部门的主宰。

针对下属提出的意见和指责,李子轩也有不同意见。他认为下属缺少良好的工作习惯;处理业务问题不够专业;工作态度不端正;不尊重领导。这些问题恰恰导致了他们过去的工作业绩平庸,没有为企业创造应有的价值。

问题刚刚出现时,考虑到李子轩深得总经理赏识,所以人力资源部门介入后一直采取调解和抚慰的措施;既提醒李子轩改善和下属的沟通方式,允许他们慢慢适应;又让员工进行换位思考,多多体谅李子轩的苦心。经过调解,双方的关系得到了一定的缓和。但是,在随后的一次项目会议中,李子轩与部门员工直接发生了正面冲突,最后部门员工集体提出请求,要么李子轩走,要么员工离开。这种对立几乎造成了整个部门瘫痪,总经理面对两难的抉择,最后要求人力资源部门对此提出具体、有效的解决方案。

通过这一次冲突,人力资源部门管理人员感觉到,只靠沟通协助无益于问题的最终解决。于是,人力资源部门对李子轩的工作及部门员工反映的问题进行了调查,发现员工反映的问题基本属实。于是人力资源部门对这些问题展开了进一步分析。

1. 要求大家每天早晨上班时都要跟他说"早上好"。这一点反映了李子轩注重自己的感觉,把一种社会性礼仪强制化,其实是担心得不到别人的尊重,是缺乏自信的表现。
2. 要求大家对外发送的邮件,必须得到他的同意才可以发送出去。对于管理者来讲,这是一个正常但强硬的要求,会让员工产生逆反心理,说明李子轩缺乏沟通技巧。
3. 要求大家加入部门的QQ群,而且必须响应他提出的问题或发出的指令。这同样是缺乏沟通的表现,让一些原本正常的要求变成了与下属之间的矛盾。
4. 十分小气、自私,参加部门组织的集体活动时从来不出钱。这说明李子轩缺乏尊重他人的思维,同时也缺乏团队管理的技巧。
5. 对总经理的话言听计从。这说明李子轩以自我为中心,较少考虑周围同事的感受,是缺乏情商的表现。
6. 工作中追求细节,甚至有些吹毛求疵。细节决定成败,李子轩的这些要求有利于企业,但因为缺乏循序渐进的推进方法和沟通技巧,使得本来正确的事情也成了被攻击的弱点。
7. 完全否定了部门之前的工作,认为自己是整个部门的主宰。这说明李子轩拥有较强的表现欲,但同时又比较自傲,急于体现自己的重要性,但忽视了其他成员的感受。

通过分析，人力资源部门管理人员得出的综合结论是：李子轩具有很强的个人能力，其专业水准也是企业所需要的，但在团队管理方面存在较大的不足，消极作用远远大于积极作用。

案例思考

1. 面对这种情况，如果你是人力资源部门相关人员，会如何解决？
2. 作为人力资源管理人员，你从上述案例中得到了什么样的启示？

【案例3】

案例背景

中国民营企业群体随着中国改革开放进程而重新培育成长起来，其中大多数以家族企业形态存在，目前已经到了第一代创业团队向第二代经营团队传承交接的过渡阶段。对于第二代核心经营者及其团队的规划和培养，即企业代际传承问题，在实践中已成为高层次的战略性人力资源课题。

由于文化和传统的关系，中国民营企业在面临传承问题时，家族控制偏好仍然强烈，家族和企业间的界限模糊。但企业家的全面经营素质（即"企业家才能"）作为企业创新成长的核心要素，并不必然在家族内部自然遗传，而更可能需要通过发现和培养来解决。因此，企业代际传承问题就转化为对第二代核心经营者及其团队的"企业家才能"的规划和开发。

华信公司为乡镇企业性质的金属零部件配件厂，董先生于1979年被当地县政府作为"引进人才"引进企业主抓销售工作，于1984年承包该厂并实行厂长承包经营责任制（该年也被作为企业创业元年）。1990年年初，企业通过股份制改造逐步成为40多名自然人与法人持股的民营企业。1994年企业更名为华信集团，以"管理之花、科技之花、人才之花"作为企业基因的内涵，通过"专注主业经营、追求全球领先"的经营发展道路。华信集团从一家"经营无产品、管理无人才、生产无设备"的乡镇小厂，发展成为年销售120多亿元、利税10多亿元、员工1万多人、主要客户均为世界500强和中国500强的企业。2014年，企业创业已有30多年了，也到了全面推动创业团队与经营团队传承交接的时刻。

为了这一天，董先生和创业者们提前20多年就开始了规划和实施。

1. 从培养到使用——小董的成长

董先生的长子小董，是当地"70后"群体中品学兼优的高才生。小董于1996年从大学毕业后，董先生先让他自己找工作，去了一家从事设备销售并与华信集团有合作的日资公司做销售。

一年后，小董进入华信集团国际贸易部做业务员，从事具体产品的销售工作，和其他大学生一样参加培训和实习，从事销售业务，接受业绩考核。

1998年，华信集团进入汽车配件行业，筹建上海分公司。小董被调入分公司担任总经理助理，具体负责分公司筹建和销售工作，全过程熟悉一个公司从设立到运转的历程，开拓各类社会资源，独立承担业绩创造职能。

2000年9月，上海分公司已正常运行，小董被调回集团本部，直接提升为集团副总裁，分管国际贸易部和营运系统，负责市场与客户拓展，并进入决策团队，和创业元老们共事。

2001年，华信集团成立华信股份有限责任公司，开始准备上市，小董兼任董事长，涉足资本市场相关运作和资源开拓。

2003年，小董就读中欧国际工商学院EMBA班。2006年就读中欧首届总裁班，并持续参加中欧国际工商学院各项重要全球进修和交流项目，以中欧国际工商学院为主要平台拓展经营管理所需的专业性高端社会资源网络。

2003年10月，小董分管制冷空调主业的经营与发展，管辖业务与人员规模占华信集团的60%以上，并担任华信集团常务副总裁；董先生则将创业团队和元老们都抽到杭州开创新领域业务，给小董和年轻的新团队留出尽可能多的空间施展。小董由此开始领导主营业务，年均销售和利税增长达到30%以上，行业地位从全球后起之秀上升为领军企业。他推动企业"技术领先"的新战略，成为国内行业技术标准的制定企业之一和全球市场的重要引领者。

2007年，小董领导了华信集团并购某外资四通阀公司全球业务的主要谈判与并购后的整合。2008—2009年，小董分管实业运营和人力资源管理，自主设计并强力实施了以平衡计分卡为基础的公司高管层绩效管理体系；分管对外产业投资，主持了对绿色能源核心技术的产业项目调研和投资。

2010年，华信集团成立战略研发中心"中央研究院"，小董负责华信集团战略性产品的市场调研、华信集团高级关键人才的引进工作，此后又牵头集团信息化建设。

2012年，小董主持华信集团并购德国民营企业，带领企业进入全球中高端家电智能控制市场，并将变频控制技术开发作为企业未来重点技术创新领域。

2013年，小董接任华信集团总裁，全面负责集团实业板块的经营与发展，在董先生和元老们的指导下负责集团的战略发展和产业投资。

回顾小董的职业生涯发展经历，可以说是董先生精心设计和深思熟虑的安排，为其成长创造了条件、铺平了道路，让小董大学毕业就踏入了"接班人"的职业生涯规划之中。这一规划的基本理念，就是将"激烈竞争市场大学"中的企业家必修课程，在短短几年工作中，让小董以实践历练的方式完成学习过程，实现了"企业家人力资本"的初步继承。而这些"必修课"，来自于董先生对市场竞争、企业家素质及核心人力资本的理解。小董事后回忆，在他成长的每个阶段，董先生看似漫不经意，其实都会安排一名"师长"式的人物，充当他成长中的导师。而与父亲董先生相比，小董明显具备了民营企业第二代的一些基本特征：聪明勤奋、学历高、观念新、思路活、踌躇满志，表现出更全球化的职业经理人风格。

2. 第二代经营团队的形成

董先生对第二代经营团队的建设抱有很大的热情,很早就设计了企业继承规划。在考虑第一代团队建设的同时,董先生就把第二代的延续问题纳入其中。很明显的例子是,董先生对 1990 年前后进入企业又比小董年长 5 岁左右的优秀大学生的培养倾注了很大心血,在竞争中大胆提拔王先生、史先生、倪先生等人进入第一代创业团队,担当生产管理、研发和国际市场营销等重任,并在小董成长与接班的过程中,把这个"小班底"逐渐交给小董使用与管理,掌控这个团队成员与小董的磨合过程,帮助他们形成又一个有凝聚力的经营团队。

比如,小董作为接受现代化教育、成长过程比较顺利、有独立主见的企业经营主要负责人,在初始阶段比较容易按照经典管理理论审视企业管理现状,对管理实践的复杂性和系统性认识不足,在引进外部资源推进内部管理和人事变革方面操之过急,甚至有些方面引起了矛盾。这是很多民营企业也都曾经出现过的"少主"与"老臣"、传统管理与现代管理的冲突。董先生在授权小董经营主业前期也预料到了这种可能,经常通过各种渠道及时掌握重要信息,并保留最后裁断权,以便在小董出现重大失误时进行"危机干预"。2003 年小董主管主业时期,董先生曾经至少两度出手进行"危机干预",帮助小董纠正经营与管理决策上的偏差,不仅使企业在市场风浪中仍然保持了持续前行的势头,也使小董在波折中成熟和成长,对企业经营管理的理解越来越现实和全面。而董先生亲手培养并交给小董使用的"年轻元老"并未因此而心生芥蒂,相反更熟悉了小董的为人品性与管理风格,能够更好地与小董分工配合。

与此同时,小董也注重从外部引进高级领军人才,包括来自优秀客户、国际竞争对手的高端研发和经营管理人才。经过数年的培养磨合,这些人才大都融入了企业,做出了卓著的经营或管理业绩,赢得公司内部各方面的认可,特别是董先生以及上述"年轻元老"群体共同组成的第二代经营团队的认可。随着企业从第一代创业团队向第二代经营团队的传承,企业也正在从本土经营、全球营销真正转向全球经营、全球管理,公司的经营升级、管理转型正与代际传承同步展开。这对于第二代经营团队而言,既是真实严峻的挑战,也是二次创业的机遇。

案例思考

1. 请分析华信集团是如何解决民营企业代际传承这个难题的?
2. 华信集团在人力资源规划和人才培育的实践方面有什么特点?

三、综合案例题解析

【案例 1】

1. 案例思考 1

恒发集团在人力资源管理方面存在以下主要问题。

(1) 当前,集团已经由初创阶段发展到快速发展阶段,但是在扩张的过程中,集团没有对各分厂存在的企业文化进行差异比较和融合,如无锡分厂和郑州分厂的文化与集团总部的文化没有契合,这样容易造成人心不齐等一系列问题。同时,集团没有对人力资源规章制度进行梳理、分析和整合,这样不仅让业务发展缺乏有力的人力资源系统支持,而且也难以为企业未来的发展提供强有力的战略人力资源支持。

(2) 人力资源部门配备不完备,人力资源总监不稳定,人力资源团队缺乏相应的功能设置。这样的人员设置除了仅仅能够维持日常工作外,很难从组织发展、继任者管理、员工招聘和培训发展、薪酬和绩效管理、劳动关系管理等方面进行科学合理的规划和管理。

(3) 在竞争激烈的光伏市场,集团缺乏突出的企业形象和雇主品牌,对人才的招聘和留用产生不良影响。

2. 案例思考 2

针对人力资源管理方面存在的问题,建议集团从战略和运营层面同时着手进行改进。

(1) 把人力资源总监的招聘和留用当作战略招聘岗位来做,寻找符合企业发展要求、具有企业家精神的人力资源伙伴,并引入全面薪酬的概念,给予人力资源总监除了基本工资以外的奖金、期权、年假等,以解决高素质应聘者的薪酬期望与企业内部人才薪酬平衡的矛盾。这一措施可以在今后作为高管薪酬制度的一部分。

(2) 由人力资源总监牵头,对人力资源部门进行大力整合,完善功能设置,强化招聘功能。建立健全包括固定工和派遣用工的招聘管理、薪酬体系管理、员工培训发展管理、绩效管理和企业文化建设等各个模块,按轻重缓急推进计划,并在一年到二年的工作中带出一支强有力的人力资源团队。

(3) 制定企业文化蓝图。由创始人和高管讨论并确立集团的核心价值、企业文化和行为标准,在集团内部组织宣传学习,并将文化和行为标准纳入集团绩效管理、招聘、员工发展和提拔等体系。注重提升集团知名度和美誉度,通过媒体访谈、社交网络、行业论坛、专业招聘网站等提升集团的企业形象和雇主品牌。

(4) 对未来五年的中期规划进行分析,建立为达成五年规划而必须提供的人力资源支持系统,其中要特别关注高层管理者的培养和激励、中层骨干的培养和留任,以及企业文化的制定和宣传等对公司发展具备战略意义的核心工作。

【案例 2】

1. 案例思考 1

为了有效地解决问题,给双方一个满意的答复,同时避免冲突的再次发生,作为人力资源部门相关人员,首先需要做出公正、公平的评价。通过分析可知:李子轩并不具备团队管理能力,而更擅长于单纯业务的钻研与管理。作为一个管理者,他应该在本次冲突中负主要责任。鉴于这种情况,建议为其专门设置技术高层管理岗位,不参与部门管理工作,只负责解决产品技术问题。其次,要采取合适的方式与李子轩进行沟通。通过分析可知:李子轩的自尊心强、较敏感,但是其较强的职业能力是公司需要的。所以在与其沟通的过程中，应该选取比较委婉的方式。最后，应采纳李子轩的工作建议，在循序渐进的基础上对产品部门的工作要求进行重新规划。这样既提高了对部门的要求，也表达了对李子轩的肯定。

2. 案例思考2

在招聘的过程中，人力资源管理人员可以通过面试沟通或专业背景调查清楚地了解员工的行为方式或工作理念。本案例中，由于蓝蔻集团的人力资源部门过于相信猎头公司的专业度，从而对此有所忽略。所以，问题的出现是由人力资源部门招聘工作不到位引起的，尤其是中高级管理人才的招聘与配置，需要引起人力资源部门的高度重视。在中高级管理人才的招聘过程中，需要遵守下列原则。

第一，内部培养和外部引进相结合。这是中高级管理人才队伍建设的基本原则。内部培养保证了企业合格经理人的持续供给，同时也有利于企业内部学习型组织建设，进而提升员工自我开发与组织开发机制的作用。人才外部引进过程中要进行全方位考察，包括：进行背景调查，减少聘用风险；进行文化协调性考察，看是否与组织文化相适应；对应聘者综合素质进行评判，考察其个性、管理风格能否与本组织很好衔接等。总之，外部引进人才，无论是委托猎头公司招聘，还是员工推荐或自行对外招聘，都要使用科学的人才测评技术进行严格、有效甄别，包括使用心理测验技术、行为面试技术、评价中心技术等。

第二，管理能力和职业道德相结合。选拔中高级管理人才，不仅要考察管理技能、管理素质，而且要考察道德品质和职业素质。品德是一个个体综合素质的重要组成部分，企业中高级管理人才位置的特殊性和重要性以及经济环境本身的变化，对其品德提出了更高的要求。对中高级管理人才的德行要求中最重要的品德是事业心、自信心、责任心、果断性、坚忍性、诚实正直等。

【案例3】

1. 案例思考1

从华信集团创业团队向第二代经营团队传承的过程中可以看到，总体过程比较平稳和顺利，这个成果在于采取了以下两项措施。

第一是精心的继承规划。企业的开创者董先生在企业还在迅速扩张、自己也还年富力强之时，就开始考虑接班人的问题，并着手准备。事实上，企业的人才继承规划是企业战略规划的重要组成部分，是人力资源规划的最高层次。越是精心实施企业人才继承规划的企业（不仅包括家族企业），越能顺利地完成经营层的接班，也越能保证企业的持续发展。

第二是双重有序继承。企业在交班上是按照先管理权再所有权，先制造业再所有产业，"放一手、留一手"，"扶上马、送一程"，逐步交权的方式进行的。管理权的逐次移交，相当于第二代接班人在"企业家"的"课程"培训中学分的积累和年级的上升。这种方法最大的优点就在于留给接班人试错和提高的机会，确保传承过程中出现重大问题时可以有纠错的弹性空间，由创业者和元老们出面可以起到防震减震作用，使接班规划总体上

能够平稳推进。

2. 案例思考2

在人力资源规划和人才培育的实践方面，本例有以下特点。

第一是轮岗"实习"和阶梯式提拔。理论上讲，管理素质可以培养，而"企业家才能"是无法培养的，只能在市场竞争中"选拔"，并且只能"事后检验"。但在实际中，由于管理素质和"企业家才能"的部分重合，因此通过不同岗位的管理及运作实践，是可以提供一定的条件来发现并开发轮岗者企业家素质的。小董在企业内所得到的独特的岗位实践机会与晋升次序，成功地支持了他自身企业家素质的提高，为接班奠定了坚实的基础。

第二是"团队授受"和集体接班。在公司的人才继承规划中，除了逐步放权给小董和年轻团队外，还将第一代团队中的部分骨干也交由小董带领和使用，让其能够以此为基础搭建第二代的经营团队。这部分骨干丰富的管理经验和在企业内的权威资源，可以为接班"保驾护航"，并弥补小董以及团队中其他成员在个人能力上可能有的缺失。至于第一代团队中和自己资历不相上下的元老，则全部调离"少帅"的分管范围，避免了民营企业通常会发生的"少帅"和创业元老间的重大冲突。

企业人力资源管理师（一级）鉴定方案

一、鉴定方式

企业人力资源管理师（一级）的鉴定方式分为实务技能与综合能力两个模块。实务技能采用笔试方式考核，综合能力采用笔试、口试的方式进行。两个模块均实行百分制，成绩皆达60分及以上者合格。模块考核不合格者可按规定分别补考。

二、考核方案

考核模块表

职业（工种）名称		企业人力资源管理师	等级		一级	
职业代码						
序号	模块名称	单元编号	单元名称	鉴定方式	抽选方法	考核时间（min）	配分（分）
1	实务技能	1	项目策划	笔试	必考	90	100
2	综合能力	1	命题论述文	笔试	必考	180	100
		2	答辩	口试	必考	30	
合计						300	200
备注	1. 笔试均采用闭卷方式 2. 口试除论文答辩外，还包括本职业范畴的拓展性提问，测评职业资历、实践经验、专业素养、分析和判断能力、应变能力、语言表达能力等						

实务技能模拟试卷

【项目策划一】

案例背景

山东鑫峰集团的出名,不仅因为他们生产的味精又好又多,而且因为他们在当前竞争激烈的市场中表现出色。鑫峰集团的前身是一家镇办淀粉厂,2001年全国味精市场饱和,很多企业停产、转产,但这家小厂却冒着"重复建设"的风险走进味精生产行业,并最终取得成功。

鑫峰集团徐泉总经理认为,规模经营是集团实现发展战略目标的主要手段。集团兼并收购了六家企业。这些企业大多是将要破产和已经破产的企业。经过重组,鑫峰集团不仅没有被这些企业拖垮,反而取得了良好的效益。例如:收购山西运城味精厂,使自己的生产能力扩大了一倍;控股静海味精厂,利用靠近京津唐三大城市的"地利"优势,大大减少了运输成本,使供货时间从原来十多天缩短到24小时以内;购买济宁第二化肥厂,形成年产15 000吨合成氨的生产能力,缓解了液氨供应不足的矛盾;控股长春味精厂和呼和浩特市糖厂,除了占领北方市场外,由于长春和内蒙古的玉米价低,使每吨味精生产成本降低1 200元;控股镇江味精厂,利用镇江地处长江口岸的优势,产品既可以打入上海,也可以占领长江腹地的广大市场。

随着集团的发展和壮大,员工人数大量增加,众多的组织和人力资源管理问题逐渐凸显出来。在并购重组过程中,集团形成了资产整合、人才整合、组织整合三大路径,完成了统一财务、统一架构、统一营销、统一人事管理的"四个统一"任务,初步理顺了并购重组企业与集团公司之间的资产、财务、人事等关系。

由于鑫峰集团的发展历史较短,企业文化本身缺少积淀,在人、财、物方面的实际管理水平与集团超常规发展所需要的管理驾驭能力之间有很大的差距,经历了不少曲折。尤其是人力资源整合,管理层感到不仅没有产生"1+1>2"的协同效应,被并购公司员工反而出现了"并购情绪综合征",如失落、抱怨、角色模糊、积极性低、不合作、不配合等。

尽管鑫峰集团在人力资源整合过程中提出了"管理求同存异、文化相辅相成、人才共享共赢"的基本策略,并且开展了一些培训项目,以宣讲形式宣传企业发展战略、变革整合和"四个统一"的意义。但是,两年来集团内部部门之间职责与权限缺乏明确的界定,扯皮推诿的现象不断发生。有的部门抱怨事情太多,人手不够,任务不能按时、按质、按量完成;有的部门觉得人员冗杂,人浮于事,效率低下。许多岗位不能做到人岗匹配,员工的能力不能得到充分发挥,严重挫伤了士气,影响了工作的效果。最近,主要业务部门骨干员工离职率明显上升,特别是被收购企业的地方政府也常常收到举报信,当地员工抱怨集团整合过程中员工的利益受到损害的情况。面对这样严峻的形势，集团开始着手进行人力资源管理变革。

问题

1. 请指出鑫峰集团在兼并收购六家同行企业的过程中，人力资源管理方面存在的主要问题。（20分）

2. 请针对鑫峰集团重组中存在的主要问题，提出相应的人力资源管理对策。（30分）

【项目策划二】

案例背景

申凌公司成立于20世纪80年代。公司成立之初，仅有十几名员工，主要业务是进行简单的模具加工。经过30多年的发展，公司现在已经成为一家集模具制造、注塑成型、丝印、无尘喷涂、超声焊接、激光雕刻、电子产品组装等生产能力于一体的综合性企业。

随着技术的不断更新和市场环境的不断改变，公司经历了多次重大变革。20世纪90年代初，通过兼并、收购小型的加工企业，公司规模得到了扩大；随着技术的更新与引进，公司的主要业务也从简单的模具制造逐渐转向汽车配件加工，并成为当时几大汽车制造商的重要合作伙伴；20世纪90年代末，在董事会的领导下，公司从国有企业改制为合资企业，业务领域也随之扩展。回顾公司的发展历程，每一次变革都使公司迈上一个崭新的台阶。这些发展与公司董事长及高管们所倡导的"凝聚人心、尊重人才"的理念息息相关。当前，申凌公司又将面临一次重大的转变。由于市政建设需要，公司目前分布在市中心的三个分厂和相应的生产厂房将被国家征用。为了保证生产，同时考虑到公司今后的发展，董事会决定做出战略调整：用三年时间将企业整合并迁移到新开发区。

经过30多年的发展，公司目前已拥有从业人员2 000多人。其中，生产一线有200名劳务派遣人员，1 600名正式员工；技术、营销、管理人员合计200人。从整个市场来看，公司当前的薪酬水平略低于同行。但是，由于公司是国有转制企业，所以保留了很多国有企业的特点，如员工福利比较好、公司不轻易辞退员工等，所以员工队伍较稳定。这次听说公司半年后要整体合并迁入新厂房，员工们开始议论纷纷。而且，在今年年初的时候，已经有6名年轻的技术人员因顾虑公司调整会增加个人生活成本或无法照顾家中老人，向公司递交了辞职报告。目前，公司技术人员的平均年龄是45岁，年龄结构偏大，而6名提出辞职的技术人员都是公司招聘进来已经培养了五六年的技术骨干，他们的离开给公司带来很大的损失。为了避免同类事件的发生，公司总经理要求人力资源部门提出各分公司员工整体迁入新厂房和骨干员工保留的工作方案。

问题

1. 根据申凌公司战略调整情况，企业整合迁移到新开发区前，人力资源部门要先做的主要工作有哪些？（25分）

2. 从劳动关系角度考虑，为了保证整个迁移工作（包括前期准备工作和迁移过程中的工作）顺利进行，人力资源部门应该如何做？（25分）

实务技能模拟试卷参考答案

【项目策划一】

1. 参考思路（20分）

（1）缺乏对集团发展战略的理解和支持以及与其相匹配的人力资源规划,特别是岗位评估、管理职能划分等方面的管理要求。（5分）

（2）不重视对人力资源的调查,缺乏对人力资源战略、组织机构设置、人力资源成本、企业文化、人力资源管理中已有和潜在风险分析。（5分）

（3）忽视差异化的人力资源开发。缺乏系统的培训规划,没有明确有效地帮助员工有针对性地进行职业生涯规划,影响了员工的士气和工作效率。（5分）

（4）企业文化尚在建设之中。由于公司历史不长,在兼并过程中,企业使命和理念的宣传力度不够,形式单一,难以形成团队共识,同时忽略了并购企业文化的选择性保留和发展。（5分）

2. 对策建议（30分）

（1）重视企业文化的融合,加强企业文化建设。企业文化是企业发展的灵魂。企业并购中产生的文化冲突如果得到及时、妥善解决,兼并带来的相互协同和降低成本的作用就能顺利实现。因此,首先要评估双方的文化特质,找出差距和相容性,决定采取的文化整合模式（征服型、融合型、共生型、掠夺型）。其次,优化组合培育新的企业文化,通过宣传、培训等方式让员工学习和接受,通过制定新的绩效考核制度将新的企业文化贯彻实施。最后,要通过细致的工作方法和较强的舆论导向,加强公司价值观念的宣传和引导,并将企业文化所倡导的价值观念与员工的生产经营活动结合起来。（6分）

（2）采用多种激励方式,制订核心人才保留计划。首先,对核心人才的范围进行明确的界定。其次,对现有薪酬管理制度进行全面评估,并与区域内同行业薪酬对比分析,制定具有竞争力的薪酬制度,加大物质方面的激励效度。最后,建立核心人才的沟通渠道,提供参与公司经营活动的机会,加大精神方面的激励力度。（6分）

（3）发挥公司战略平台的作用,完善企业培训体系。首先,要积极营造培训资源共享的环境。其次,注重培训前各个层面的调查分析和培训中的反馈交流,以及培训后的效果评估等,使培训工作更科学、更有序、更有用。最后,要高度重视被并购企业员工认同感、归属感的培养。（6分）

（4）拓宽人才招聘渠道,优化人才结构。按照"核心人才全国化、基础人才本土化"的思路,建立更加清晰的岗位等级和岗位晋升制度,给予被并购子公司员工公平的机会和明确的奋斗方向,鼓励子公司员工参与公司内部竞聘。（6分）

(5) 完善沟通机制，重构心理契约平衡。在人力资源整合中要做好两方面的有效沟通。一是做好公司内部的有效沟通，特别是与被并购子公司员工的沟通。二是做好公司外部的有效沟通，包括公司与政府的沟通等。(6分)

【项目策划二】

1. 参考思路（25分）

(1) 为了配合公司的新战略，人力资源部门要尽快盘点现有的人力资源情况。首先，摸清各分公司从业人员状况，包括员工的数量和素质。其次，根据收集的资料，汇总并制定出不同从业人员名单，如技术骨干名单、3年内退休人员名单、长病假人员名单、工伤人员名单等，然后针对不同类型的员工制定出相应的管理办法。再次，做好人力资源规划，做好需求预测和供给预测。最后，还要预测人员变更成本及提高迁移到新厂址后薪酬待遇的成本。为了保留公司所需的力量，可以适当提高员工福利等补贴。(10分)

(2) 人力资源部门应预防迁移到新厂址过程中出现集体上访事件。为了防止此类事件的发生，可以让公司高层领导与工会进行事前沟通，对员工转移和安置政策达成共识。同时，公司需要成立由人力资源部门等组成的项目小组到公司现在对口的当地劳动监察部门办理备案。此外，公司需到迁移的新厂址所在地的劳动管理部门了解当地劳动力供给情况，拟定迁移到新厂址后发生劳动力供给不足时的预备方案（如招聘计划），如有必要可先开展招聘工作；公司应加强与劳务派遣公司的合作，妥善处理劳务派遣人员迁移到新厂址后的使用与调整；公司应帮助员工（特别是骨干员工）解决因迁移到新厂址而带来的困难。(15分)

2. 对策建议（25分）

为保证整个迁移工作顺利进行，人力资源部门的对策如下。

(1) 因市政建设征用厂房而导致公司迁移到新厂址的情况，属于不可抗拒因素造成的公司内部的重大变化。根据《劳动法》和《劳动合同法》的有关规定，公司可以与员工变更有关劳动合同条款。但是，为了保证公司生产正常进行，留住人才，公司应该考虑尽快拟定出企业迁移到新厂址过程中有关劳动关系、劳动合同等的处理办法。(15分)

(2) 针对目前年轻技术骨干提出辞职的现象，作为人力资源部门负责人应该意识到此现象也会在迁移到新厂址后出现。为了预防此类事件的发生，应该同提出辞职的年轻技术骨干进行面谈，尽量挽留；对于无法挽留的员工，要根据其离职面谈的内容，分析了解其离职的真正原因。同时，要按照有关政策和法规给予其经济补偿。此外，为了公司的声誉、安抚留下的员工，人力资源部门与其所在部门要做好欢送工作，肯定他们为公司所做的贡献，同时也表示欢迎他们有机会再回到公司工作。(10分)

命题论述文模拟试卷

【命题论述文试题】

新经济时代全球化竞争日趋激烈,企业纷纷选择战略转型,人力资源管理以组织战略为导向,肩负着助推企业转型的重任。人力资源不仅是组织的资产,更是组织"软实力"的重要载体及体现。人力资源管理通过提升员工能力、设计激励制度、优化组织流程、创新企业文化,更有效地帮助企业赢得人才与组织的竞争优势,支持企业实现战略转型。

请根据以上背景,结合所在行业和企业的实际情况,自拟题目,论述人力资源管理的实践活动,论述文字不少于1 500个字。

命题论述文模拟试卷参考答案

论述文是说服读者同意作者观点的一种说理性文章。

撰写命题论述文时,应仔细审题,根据命题要求展开论述。

撰写命题论述文时,应做到主题明确、逻辑清晰、结构严谨、叙述流畅。

考生应围绕命题论述文的主题,组织相关资料,理论联系实际,在调查研究和科学实践的基础上,结合人力资源管理理论,将研究过程和结论以文字方式组织到论述文中,形成完整的论述文内容。

【命题论述文范文】

为了帮助读者熟悉企业人力资源管理师(一级)的鉴定考核形式,这里提供命题论述文范文,本范文仅供参考。

支持企业转型,赢得人才与组织竞争优势
——以通信行业C公司为例

新经济时代全球化竞争日趋激烈,企业纷纷选择战略转型,通信行业也不例外。经过多年的发展,行业的技术革新迅速,市场日趋成熟,设备商的力量对比发生了巨大的变化。运营商不断成熟,对客户投入增加,服务和产品花样不断翻新。

C公司在这样的竞争环境下于五年前由两家同属欧洲百年老店的A公司与B公司合并而成。新成立的公司面临企业组织结构调整、市场产品革新等问题。在分析了自身的优势和外部环境后,公司高层决定将企业的战略重点转向移动宽带,公司进入全面转型期。

C公司的人力资源管理以组织战略为导向,在分析了企业外部环境后,从原来偏重事务性的工作转向战略性的支持工作。人力资源部门根据企业的经营战略目标,制定出人力资源的战略规划,其中包括组织配置、招聘策略、绩效管理、培训发展等实施方案。值得一提的是:C公司在提升员工能力、设计激励制度、优化组织流程及创新企业文化方面有一些实战经验,有效地帮助了企业赢得人才与组织的竞争优势,支持了企业战略转型的实现。

一、用培训和绩效管理提升员工能力,赢得竞争优势

对于培训,合并前的两家公司的培训理念是完全不同的:A公司支持员工读取学位,容易造成核心员工取得学位后流失;B公司不提倡攻读学位,支持在职培训。合并后新公司的培训导向是关注业务技能和专业素质的提升。

C公司在实践中对研发人员采用分区域技术项目管理的在岗培训方式,在实际工作中

提升其专业技术水平和项目管理能力。对于中层管理者，C公司采用360度测评的方式，由其本人、上下级和客户共同评价，将结果反馈给本人，使其调整自我认知和行为，并配合换岗、海外培训等方法提高中层领导力。对于普通员工，C公司进行人才展望，分析潜力类型，根据相应的类型，公司的内部学习学院设置了不同的网络课程供员工选择，提升员工能力。

在绩效管理方面，C公司重视绩效管理的整个过程。C公司的直线经理会与每位下属员工进行持续的绩效沟通，为员工建立业绩档案，对绩效中的不足提出建设性意见，与员工共同制订绩效改进计划及实施步骤，有效、有针对性地提升员工的能力，使员工赢得竞争优势。

C公司重点通过以上两个方面来提升员工能力，提升组织的竞争优势，支持经营战略，效果已经显现。

二、设计有效统一的薪酬激励制度，赢得竞争优势

合并初期，由于员工来自不同的两家公司，薪酬战略不同，造成岗位与薪酬不匹配，同岗不同酬等问题。C公司的人力资源部门配合企业战略，结合内外环境分析，重新设置了人力资源战略下的薪酬战略，选用混合型的薪酬战略，并在此基础上统一了薪酬框架，确保薪酬策略的内部公平性和外部竞争性，具体方案如下。

固定薪酬部分，在工作分析和薪酬调查后，C公司对核心岗位采用领先策略，对普通岗位采用跟随策略，对辅助性岗位采用滞后策略。这样的混合型薪酬策略有效地激励了核心人员，对核心员工的保留和敬业度提升起到了积极作用。

浮动薪酬部分，C公司将奖金与绩效挂钩，在绩效的目标设置里引进KPI方法。C公司重新定义销售人员的奖金浮动比例，为30%～50%；中高层管理人员的绩效指标由团队业绩和个人业绩相结合，引入长期激励概念；对普通员工则设置3个与个人相关的指标，奖金比例约为20%。所有考核的结果与公司的业绩挂钩，对员工起到激励作用。

福利制度方面启用弹性福利计划。弹性福利的额度与每位成员的年薪挂钩，有效地拉开员工的福利差距，起到激励作用。其中2/3福利额度由员工自由选择保险、度假、子女教育费等项目，1/3福利额度作为员工保留计划的一部分，对保留和吸引员工起到良好的作用。

三、优化组织流程，赢得竞争优势

由于组织的战略转型，人力资源也要以组织战略为导向进行战略转型，C公司的人力资源部门由此对内部流程做了优化，以便更好地支持企业实现战略目标。

首先，C公司的人力资源部门明确要从人力资源事务性的工作中抽身，更多地关注与业务有关的战略需求。为此，人力资源部门对内部工作进行梳理，将原先一些行政性的事务，如录用退工、薪酬发放等流程性的事务转包给外部的供应商。这样，一来可以节约成本，提供统一专业的服务，二来人力资源管理人员可以抽身关注组织和员工的发展。

其次，人力资源部门为了让直线经理更好地管理人力资源的日常工作、服务组织战

略，将人力资源日常工作中的招聘、晋升、换岗、业绩嘉奖等流程整合到一个系统中，方便直线经理参与人力资源的日常管理工作，有利于人力资源战略目标的实现。同时，优化的流程能够帮助直线经理更好地实现部门目标，有利于组织战略目标的达成。

四、共同参与创新企业文化，赢得竞争优势

合并初期，两家公司呈现不同的企业文化，A公司讲究严谨，B公司讲究灵活。在竞争激烈的市场环境中，面对客户时保持统一形象、赢得市场份额、实现组织战略目标、创新新公司的企业文化刻不容缓。根据组织的战略目标，C公司以双方员工共同参与专项研讨会的方式来共同决策企业文化，最后将企业文化定义为"关注客户、创新、坦诚沟通、共同成长"，其主要表现在以下几个方面。

每当C公司取得新的订单和进行技术革新时，都会以邮件的方式通知全体员工，让所有的组织成员都来关注公司的客户和竞争优势。每当C公司进行战略变革时，公司会派全球业务高级经理飞往上海、北京等城市，与员工面对面地沟通分享企业目前的经营状况，面临的挑战及未来的战略目标。其间员工不仅可以就关心的问题发表提问，也可以就公司的现状提出建设性的意见，让员工都能平等、坦诚地在同一个平台上交流、学习，提高员工的敬业度，赢得组织战略目标的实现。

综上所述，人力资源以组织战略为导向，肩负着实现企业转型的重任。C公司通过提升员工能力、设计激励制度、优化组织流程、创新企业文化这四个方面提高了员工绩效，提升了员工的敬业度和组织的效率，更有效地帮助企业赢得人才与组织的竞争优势，支持企业战略转型的实现。